Marianne Sedivy
Über Gott und Gummibärchen

W0178890

HERDER / SPEKTRUM

Band 4464

Das Buch

„Mama, wie lang genau ist Ewigkeit?" „Mama, wie geht sterben?" Fragen aus unbefangenem Kindermund können Erwachsene ganz schön ins Schwitzen – oder auch zum Staunen bringen. Den Teddybär im Arm und den Schnuller im Mund, sind sie den Geheimnissen der Welt auf der Spur. Was sie über den lieben Gott, den Himmel, die Tiere, die Erde, die Liebe, den Tod, die Zeit und die Ewigkeit sagen, das bringt Erwachsene manchmal zum Schmunzeln. Doch wer sensibel genug hinhört, wird aufmerksam und offen für solche Geschenke, die aus einer ursprünglichen Tiefe und Unmittelbarkeit kommen. Denn Kinder erfahren die Welt mit dem Herzen und erspüren das Leben mit der Seele. Und wer ihnen zuzuhören versteht – beim Windelnwaschen und Tischabräumen, beim Kuchenbacken und beim Abtrocknen der Tränen, beim Fiebermessen und beim Schlichten des Geschwisterstreits –, bekommt Teil an überraschender Weisheit.

In diesem Buch erzählt eine Mutter über süße Wünsche und tiefe Fragen und verblüffende Einsichten. Kinder vereinigen Himmel und Erde, Gummibärchen, Müsli und die Dreifaltigkeit. Sie leben in ihren Gefühlen, die von einer Minute zur anderen umschlagen können von der Liebe zu Gott in den Ärger über den Bruder oder die Angst vor der Schule. Marianne Sedivy erzählt von dem hintergründigen Ernst kindlicher Fragen und Äußerungen anschaulich, unterhaltsam und humorvoll. Geschichten von Spontaneität und Phantasie, die sich mit Charme präsentieren und Erwachsene das große Staunen lehren.

Die Autorin

Marianne Sedivy, Meditationslehrerin, Yogalehrerin, langjährige Erfahrung mit Kinder-Meditation, wohnt in Bayern.

Marianne Sedivy

Über Gott und Gummibärchen

Überraschende Geschichten und
tiefe Gedanken aus Kindermund

Mit einem Vorwort von Rolf Krenzer

Herder

Freiburg · Basel · Wien

Gedruckt auf umweltfreundlichem,
chlorfrei gebleichtem Papier

Originalausgabe

Alle Rechte vorbehalten – Printed in Germany
© Verlag Herder Freiburg im Breisgau 1996
Satz: Fotosetzerei G. Scheydecker, Freiburg im Breisgau
Druck und Bindung: Freiburger Graphische Betriebe 1996
Umschlaggestaltung: Joseph Pölzelbauer
Umschlagmotiv: steyl-medien
ISBN 3-451-04464-1

Inhaltsverzeichnis

Gott – unmittelbar und hautnah

Im wahrsten Sinne des Wortes sind es überraschende Geschichten, die Marianne Sedivy hier aus ihrer Familie erzählt: Kinder, die vom ersten Tag in den Glauben ihrer Eltern mit hineingenommen werden, machen sich ihre Gedanken über Gott und die Welt und sprechen das, was sie denken, vorurteilslos, spontan und Gott sei Dank offen und ehrlich aus, ohne auf vorgegebene Tabus und sonstige sogenannte Ordnungen unserer Erwachsenen- und Kirchenwelt irgendwelche Rücksicht zu nehmen.

Das tut beim Lesen unendlich gut, und man begreift, warum Jesus sich ganz besonders und ganz direkt den Kindern zugewandt und sie gesegnet hat. „Wer sich Gott nicht wie ein Kind anvertraut, der wird nicht erfahren, wie lieb ihn Gott hat!" hat er damals den Erwachsenen und seinen Jüngern gesagt, die es doch eigentlich hätten wissen sollen.

Die Geschichte von Jesus und den Kindern, die ich für eine der wichtigsten überhaupt halte und die aus mangelnder Einsicht immer wieder von uns Erwachsenen verdrängt wird, findet ihre folgerichtige Fortsetzung und ihre tiefe Verinnerlicherung am Ende seines Wirkens:

Damals, als Jesus die Händler aus dem Tempel gejagt hatte, hatten viele Kinder zugesehen. Sie klatschten in die Hände und riefen laut: „Heil dir, großer König!"

Voller Schrecken hörten das die Priester im Tempel. Sogleich fragten sie Jesus: „Hörst du, was die Kinder rufen? Sie nennen dich König!"

Jesus nickte und sagte dann: „Ja, genauso ist es! Gott sorgt dafür, daß sogar kleine Kinder ihn loben! So steht es schon in den alten Büchern!"

Die Geschichten, Skizzen und kleinen Begebenheiten, die in diesem kleinen Buch gesammelt wurden, erzählen auf eigene und erfrischend offene Weise ganz unmittelbar und hautnah von Erfahrungen mit Christus und Gott und seinem Wirken, so wie es Kinder empfinden, verstehen, glauben und wiedergeben können. Und diese ehrlichen Glaubenszeugnisse können uns Erwachsenen immer wieder neue Anstöße zum Nachdenken und Weiterdenken geben.

Ein Buch, das man nicht unbedingt auf einmal lesen sollte, obwohl es schwer ist, es zur Seite zu legen. Vielmehr ein Buch, das sich lohnt, auf den Nachttisch zu legen. Ein Buch also zum Blättern und immer wieder Neuentdecken, in dem man sich festlesen kann und das dazu anregt, die Gedanken, die dort von Kindern ausgesprochen werden, selbst aufzunehmen und weiterzugeben, weil es wirklich nicht nur überraschende, sondern auch tiefe Gedanken sind, mit denen wir Gott überraschend nahe kommen können.

Ich wünsche allen Leserinnen und Lesern so viel echte Lesefreude, wie ich sie bei der Lektüre hatte. Freude, die überspringen kann.

Dillenburg, im Februar 1996   Rolf Krenzer

Einleitung

Hat Gott einen Platz im Kinderzimmer? Kindern im Vorschulalter und in den ersten Schuljahren gestehen wir – Arroganz der Erwachsenen! – meist keine tiefgreifende Gotteserfahrung zu. Vielleicht nehmen wir uns viel zu ernst – und erschrecken, wenn wir dem kindlichen Un-Ernst begegnen, mit dem Kinder über Gott sprechen. Der Gott der Kinder ist, wenn die Eltern es zulassen, ein Begleiter des Alltags, ein Vertrauter, jemand, den man auch mal „blöd" nennt, wenn man ihn nicht verstehen kann (oder mag).

Kindliche Gotteserfahrung ist manchmal auch kindisch. Daß Erwachsene die Art und Weise der Kinder, über (und mit) Gott zu sprechen, als ungebührlich empfinden, liegt an den Erwachsenen. Für Kinder liegen Ehrfurcht und Kumpelhaftigkeit eng beisammen. Haben wir aber den Mut, die Erfahrung der Kinder un-erzogen und unkorrigiert zu lassen, staunen wir über ihren direkten Zugang zu dem, was wir für unverständlich, schwierig oder mysteriös halten. Mit ein wenig Neid sehnen wir uns nach dieser kindlichen Ursprünglichkeit. In uns wird ein Ahnen, ein Erinnern wach, das aber längst verbildet oder gar ganz verstummt ist. Die Kinder haben allen Reichtum des Himmels – und sie beanspruchen ihn ganz selbstverständlich für sich. Sie sind uns so überlegen an Spontaneität und Freude, daß wir uns schon beschenkt fühlen, wenn wir sie in ihrem Alltag beobachten. Ihre Gedanken mitgeteilt zu bekommen, hält unsere Hoffnungen wach. Die Kinder klammern Gott nirgends aus – auch nicht im Streit, in der Langeweile, im Kampf und Glück, in Ärger und Freude. Lassen wir die Kinder zu Wort kommen, und spüren wir Gott auf den Wegen nach, die sie uns weisen.

Gott und die Kuh

Weißt du, was das Wichtigste auf der Welt ist?

Nein, nein, nicht erst nachdenken, das gilt nicht! Spontaneität ist hier gefragt, auch wenn ich mich im Moment gerade nicht mit philosophischen Fragen und Antworten beschäftige.

Ich habe soeben die trockene Wäsche sortiert und alles zum Bügeln bereitgestellt. Judith liegt auf dem Boden im Wohnzimmer und formiert die kleinen Spieltiere aus Holz, um sie – wie sie sagt – auf die Weide zu führen, weil das Wetter so schön ist. Bei ihrem Spiel widerfährt Judith eine umwerfende Erkenntnis:

„Mama, ich weiß jetzt, was das Wichtigste auf der Welt ist!"

„Ja, was denn?" frage ich sie.

Feierlich antwortet sie:

„Das Allerwichtigste auf der Welt ist Gott und – die Kuh!"

Mir fällt beinahe der Wäschekorb aus den Händen. Sie bemerkt meine Verwunderung nicht, sondern gruppiert liebevoll den Löwen, den Affen, das Nilpferd, das Känguruh und vorne mit Abstand die Kuh vor den Bauklotz, der die Tränke darstellen soll, und lächelt mir triumphierend ins Gesicht. Ich muß ziemlich dumm dreingeschaut haben, denn sie sagt noch einmal langsam und mit Nachdruck:

„Mama, das Allerwichtigste auf der Welt ist Gott und die Kuh!"

„Warum die Kuh?" frage ich zurück.

„Weil wir sonst keine Milch haben, keine Rindsuppe, keinen Schweinsbraten und gar nichts!"

„Aha!" Ich schnappe nach Luft. Welche Logik!

„Gott und die Kuh!" Diese Erkenntnis befriedigt sie sichtlich, und schnell fügt sie hinzu:

„Und du auch, Mama! Verstehst du?"

„Na klar, mein Kind!" antworte ich lächelnd.

Diesmal bin ich ganz gut davongekommen, weil sich Judith ihrer Sache sicher ist. Nicht immer komme ich so glimpflich davon.

Die Priesterin

Der Kirche, der ich angehöre, rate ich dringend zur Erneuerung. Und sie darf damit nicht zögern. Die Zeit drängt. Ein paar Jahre gehen schnell vorbei, und meine Klara ist schon sechs Jahre alt. Sie hat mich mit ihren Zukunftsplänen konfrontiert. Soll sie ein Chance haben, diese zu verwirklichen, ist eine grundlegende Neuorientierung der Kirche unverzichtbar. Besonders die Frauenfrage drängt: Gleichberechtigung!

„Ich werde Priesterin!" hat sie vor ein paar Tagen verkündet.

„Warum willst du Priesterin werden?"

„Weil ich dann Jesus machen kann und ihn an alle verschenken kann, die ihn wollen. Mama, das ist doch schön! Findest du nicht?"

„Ja, das ist wirklich wunderbar!"

Klara strahlt still vor sich hin. Inzwischen sind einige Tage vergangen. Ich habe diesen Berufswunsch längst ad acta gelegt. Es ist Mittagszeit, und ich stehe in der Küche, als Klara vom Kindergarten heimkommt. Es ist ihr letztes Kindergartenjahr, denn im Herbst beginnt für meine Große die Schulzeit.

Klara ist ganz aufgekratzt. Mantel, Tasche und Schuhe fliegen in hohem Bogen ins Wohnzimmer, während sie mir zuruft:

„Mama, ich muß dir unbedingt etwas sagen!"

„Räum' zuerst deine Sachen weg!"

„Das geht nicht", widerspricht sie ärgerlich, „ich muß jetzt mit dir reden!"

Ich vergewissere mich noch schnell, daß nichts anbrennt, und wende mich meiner Klara zu:

„Sag schon, was für dich so wichtig ist!" Ich beuge mich zu ihr hinunter, küsse ihre roten Wangen und bin gespannt, was wohl auf mich zukommt.

„Ich war heute schon fast eine Priesterin!"

„Wie denn das?"

„Wir waren heute in der Kirche, und *ich* habe ganz alleine Pater Severin beim Altar geholfen. Alle haben sich gefreut, weil ich sie angelacht habe. Mama, ein bißchen Priesterin, und alle spüren Gott!"

Mama, ich möchte sterben

Meine Kinder sind in einem Alter, in dem Glaubensvermittlung noch fast ausschließlich meine Sache ist. Und ich bin stolz darauf und übernehme diese Aufgabe gerne. Sie gefällt mir deshalb so, weil für kleine Kinder Verkündigung und Alltag nicht zu trennen sind. Was sie ergreift, das bauen sie in ihr Leben ein, und ihr Horizont beschränkt sich nicht auf Christentum in der Kirche. Beten, spielen, leben – alles bildet eine Einheit. Manchmal offenbart der kindliche Horizont eine Weite, die unsere Erwachsenenwelt klein und eng erscheinen läßt.

Die Sache mit dem „Gott spüren", die meine Klara ein bißchen Priesterin sein läßt, hat ihren Ursprung in einem Gespräch, das schon einige Wochen zurückliegt.

Judith hat dieses Thema angeschnitten:

„Mama, ich möchte gerne sterben!"

Mit welcher Leichtigkeit und Direktheit Kinder

17

vom Sterben und dem Tod reden! Mich läßt das zusammenzucken.

„Warum möchtest du sterben?"

„Ich kann dann Gott sehen!"

„Vielleicht ist es für dich jetzt gar nicht so wichtig, daß du ihn siehst. Du kannst ihn doch spüren!"

„Spüren? Wie denn?" Sie schaut ihre Hände an, als würde Gott ihr in die Hände fallen. Klara nimmt mir die Antwort ab:

„Wenn du die Liebe spürst, spürst du den Gott! Stimmt's, Mama?"

„Ja, das ist richtig. Gott ist die Liebe!" antworte ich.

„Dann spür ich ihn ja! Und ich habe es nicht gemerkt!" Sie schlägt sich mit der Hand auf den Kopf. Welches Erkennen!

Einige Zeit später: Es ist mitten in der Nacht, als ich von einem Schrei geweckt werde. Ich eile ins Kinderzimmer und flüstere ins Dunkel:

„Was ist denn los?"

Schlaftrunken antwortet der dreijährige Florian:

„Judith spürt Gott nimmer! Sie hat Angst!"

Sollten wir Gott immer spüren, in jeder Lebenslage? Ist das überhaupt möglich? Die Kinder scheinen es für möglich zu halten.

Wenn die Worte wachsen

Ich bin sehr müde, und die Nacht ist schon fortgeschritten. Tagsüber fehlt mir einfach die Zeit für das Schreiben. Und die Ruhe. Umso wichtiger ist mir der Abend.

Daß Florian abends zur Bettgeh-Zeit immer voller Ideen steckt, regt mich manchmal richtig auf. Mit immer neuen Tricks und Ausreden will er das Aufbleiben verlängern, so auch heute:

„Florian, es ist höchste Zeit für dich. Komm her, ich helfe dir beim Ausziehen!"

„Kann ich selber!" antwortet er kurz angebunden, wendet sich seinen Schwestern zu und redet und kichert ohne Unterlaß. Ich wage noch eine Mahnung:

„Florian, mach Schluß für heute!"

„Ich habe aber noch nicht alles gesagt! In mir drinnen – schau Mama, da drinnen (er zeigt auf seinen Bauch) wachsen noch so viele Worte, und die muß ich alle noch sagen. Aber dann gehe ich ins Bett, versprochen!"

Er hat schließlich Judith und Klara dazu überredet, mit ihm ins Kinderzimmer zu gehen. Eine halbe Stunde habe ich sie noch kichern und plaudern hören.

Bis daß der Tod euch scheidet

Die Kinder haben heute „Hochzeit" gespielt. Sie wollten natürlich kirchlich heiraten mit allem Drum und Dran. Da gibt Klara dem Spiel eine unerwartete Wendung:

„Was bedeutet ‚bis daß der Tod euch scheidet' wirklich?" fragt sie mich.

„Das bedeutet, daß die beiden zusammengehören, bis einer stirbt. Dann erst kann der andere wieder heiraten, wenn er das möchte!"

Judith ist entsetzt:

„So lange müssen sie zusammenbleiben? Was ist, wenn sie sehr streiten? Müssen sie dann immer wieder gut sein, bis sie sterben – immer, immer wieder?"

„Darum sollten sich die Ehepaare bemühen!"

„Das wäre mir zu dumm!" – Judith hat sich entschieden – „Nein, ich heirate nie! Niemals! Immer wieder gut sein, das ist mir zu schwer!"

„Du hast recht. Es ist schwer! Weißt du aber

auch, wie schön das sein kann, sich wieder zu versöhnen und einander zu verzeihen?"

„Natürlich weiß ich das! Da spürt man die Liebe wieder neu. Aber ich muß sie nicht spüren, ich weiß ja , daß ich die Liebe habe."

„Komm her, Judith, ich muß dir etwas ganz Wichtiges sagen!"

Ich habe meine Kleine auf den Schoß genommen. „Es ist schon möglich, daß es dir manchmal wirklich ausreicht, daß du von der Liebe *weißt*. Was ist aber, wenn der andere die Liebe spüren muß, damit er von ihr *weiß* wie du?"

Sie rutscht von meinem Schoß herunter, pflanzt sich vor mir auf und antwortet:

„Dann muß er sich halt von wem anderen oder vom Gott lieben lassen. Gott kann sowieso alles. Und wenn ich einmal Gott werde, dann kann ich auch alles!"

Wenn ich von diesem Gespräch erzähle, muß ich zugeben, daß meine Selbstsicherheit der Judiths durchaus ebenbürtig ist:

Ich warte nicht – wie Judith – bis ich Gott bin, um alles zu können. Ich bin Mensch und will es schaffen, immer neu zu beginnen. Mich erschreckt die Straße der Ehe nicht, die ich zu kehren habe „bis der Tod uns scheidet". Ich schaue, wie Beppo Straßenkehrer aus Michael Endes „Momo", nur auf den nächsten Schritt. Besenstrich für Besenstrich werde ich die Straße kehren, die ganze Straße – wie lang sie auch sein mag!

Der Weg zu Gott

Hin und wieder schalte ich „Christ in der Zeit"
ein. Es ist eine Sendung des österreichischen Fern-
sehens. Ich schaue mir diese gerne an, weil sie aus
meiner Heimat kommt.

Über den Weg zu Gott hat der Fernsehprediger
gesprochen. Klara sitzt neben mir auf dem Boden
und hat ihrer Puppe das Jäckchen anprobiert, das
ich gerade fertiggestellt habe. Sie hat sich vergewis-
sert:

„Der Vierer-Sender ist der österreichische Sen-
der, stimmt's ?"

„Ja, das stimmt!"

„Wir sind aber in Deutschland!"

„Ja, und?"

„Wo ist jetzt der Weg zu Gott wirklich? In Öster-
reich oder in Deutschland?" fragt mich Klara.

„Der Weg zu Gott, mein Liebes, ist überall, und
jeder Mensch kann ihn gehen!"

„Ich auch, Mama?"

„Ja, freilich!"

„Zeigst du mir den Weg zu Gott?"

Ich habe meine Große in den Arm genommen. Worte wären jetzt fehl am Platz gewesen. Wir sind uns einig. Es ist ein gutes, reiches Wissen, sich einig zu sein. Da braucht es keine Erklärungen. Einssein, das ist einfach: im anderen drin sein und zugleich in mir und darin den Raum zu finden, den ich brauche, um zu verstehen. Klara lächelt mich an. Ich lächle sie an. Heute, in diesem Augenblick, haben wir beide verstanden.

Wie sehr wünschte ich, es würde alle Tage unseres Lebens so sein!

Verzeihen

Das Thema „Verzeihen" ist wirklich schwierig. Die Feindesliebe erweist sich als unmöglich, zumindest jetzt noch, für meine Klara. Sie macht sich Gedanken darüber – und das läßt hoffen! Denn was sie wirklich will, das schafft sie, auch wenn sie Umwege gehen muß.

Doch seine Feinde zu lieben…

„Das ist unmöglich! Das kann niemand. Jesus auch nicht!" behauptet sie.

„Nun aber langsam, Klara! Jesus hat die Menschen geliebt, die ihm Böses getan haben!" versuche ich sie aufzuklären.

„Das ist gar nicht wahr. Das hat er nicht getan. Er hat alle aus der Kirche hinausgejagt. Daß er die liebgehabt hat, das steht nicht in der Heiligen Schrift. Kannst du ja nachlesen!"

„Das brauch ich nicht! Ich kenne diese Stelle. Du hast recht, in diesen Zeilen steht nichts davon, daß er sie geliebt hat. Das heißt aber nicht, daß er es nicht getan hat!"

„Er hat sie geschlagen. Richtig verprügelt hat er sie! Und daß er irgendwann einmal gesagt hat, wir sollen auch die Bösen lieben, das glaub ich nicht. Das ist ja Quatsch!"

Klara ist vor Eifer und Empörung ganz rot im Gesicht.

„Du, das hat er wirklich gesagt!" erkläre ich ihr.

„Dann hat er Blödsinn verzapft, oder er hat nicht nachgedacht, bevor er es gesagt hat!" beharrt sie.

„Ja, ja, schwer ist das schon! Ach mein Kind, das ist wirklich sehr schwer!"

„Ob es schwer ist oder nicht, das ist mir egal! Ich habe jedenfalls die bösen Menschen nicht lieb! Niemals!"

Sie dreht sich um, verläßt die Küche und knallt zur Bekräftigung die Tür zu.

Ehrlich gestanden, Feindesliebe ist wirklich zum Türzuknallen! Vielleicht sollten wir Gott ein wenig korrigieren in der Absolutheit der Liebe?

Die Fliegenmörderin

Gemeinsames Essen ist eine wunderbare Sache, vor allem dann, wenn Florian Bratkartoffeln riecht. Die Stimmung bei Tisch ist gesichert und der massen-verschlingende Appetit auch. Während Florian die Mahlzeit in sich hineinschaufelt und über seine selbsterfundenen Witze lacht, belästigen uns permanent zwei Fliegen. Auf jedem Teller wollen sie Platz nehmen, über jeden unserer fünf Köpfe surren sie hinweg. Jeder schlägt um sich und ärgert sich. Mich nerven diese Biester am meisten, und ich hole kurzerhand die Fliegenklatsche und befördere sie ins Jenseits.

Judith hört auf zu essen und blickt bockig durch die Runde.

„Was ist los?" frage ich sie.

„Ich will nicht, daß du die Fliegen totmachst!"

„Sie ärgern jeden von uns!" (Schwacher Verteidigungsversuch meinerseits.)

Klara tröstet Judith:

„Sei nicht traurig, Judith, jetzt sind die Fliegen im Himmel!"

„Genau das will ich nicht" – sie sieht mich sehr böse an –, „jetzt ärgern sie den Gott! Glaubst du, das ist angenehm?"

Die nicht auszuhaltende Freude

Kinder kennen die Quelle, deren Wasser sie trinken. Sie leben an dem Ort, ganz nahe dem Sein. Von dort aus agieren sie und geben ihren Gedanken und Gefühlen Form.

Das solltest du selbst erlebt haben! Ich fürchte, ich kann es gar nicht so wiedergeben, wie es sich ereignet hat. Worte sind für solche Augenblicke zu klein und vielleicht auch zu derb. Trotzdem will ich versuchen, in Worte zu fassen, was nicht zu fassen ist.

Klara hat ihr erstes Fahrrad bekommen – einfach so, ohne besonderen Anlaß.

„Mama, das Fahrrad freut mich so!"

„Das ist schön!"

„Ich bin so glücklich wie ich kann!" Dabei schmiegt sie sich an mich und sieht mich ganz verklärt an. Und ich halte sie fest.

„Mama?"

„Ja, mein Liebes!"

„Nur im Himmel ist man noch glücklicher, viel glücklicher!" Es ist mehr eine Frage als eine Feststellung.

„Ja, Klara!"

Sie löst sich aus der Umarmung und sieht mich an:

„Du, das geht aber nicht!"

„Warum nicht?" frage ich zurück.

„Wenn ich noch glücklicher bin, halte ich es nicht mehr aus. Dann tut das Glück weh!" Sie denkt ein paar Augenblicke nach und fügt erläuternd hinzu:

„Nicht so weh, anders weh, ganz anders! Verstehst du, Mama?"

„Ja, ich verstehe dich!"

Das Große braucht keine Worte. Klara ahnt das.

Der Glaube des Bartimäus

Zum x-ten Mal erzähle ich an Hand des Bibelbilderbuches die Heilung des blinden Bartimäus. Judith kann sie nicht oft genug hören.

„Erzähl noch einmal, Mama! Aber nur das, was Jesus sagt, als der Bartimäus zu ihm kommt!"

„Na gut, das letzte Mal. Aber dann ist Schluß!"

Judith kennt die Stelle schon auswendig, genau wie ich, nur mit dem Unterschied, daß sie mir schon zum Hals heraushängt und Judith nicht genug davon kriegen kann.

„Mama, lies vor, aber ganz langsam!"

Gehorsam lese ich vor:

„Bartimäus, was willst du von mir? Herr, ich möchte sehen! Wenn du glaubst, wirst du sehen. Ich will, sei sehend. Und Bartimäus konnte sehen."

„Ich hab's, Mama! Ich hab's!" ruft Judith und hüpft vor Begeisterung im Wohnzimmer herum.

„Was hast du?"

„Ich brauche keine Ärztin werden!"

„Und warum nicht?" frage ich zurück.

„Wenn du *glaubst*, Mama, dann wird dein Rükken wieder ganz gesund, und er tut dir nie mehr weh! Dann geht es dir wie dem Bartimäus!"

Ich sitze sehr betroffen und beschämt vor meinen Kindern. Klara holt mich mit ihrer Frage an Judith in die Wirklichkeit zurück:

„Und was soll, bitte schön, die Mama glauben, damit sie gesund wird?"

Judith fährt sie an:

„Bist du blöd!" – sie tippt Klara auf die Stirn – „Daß Jesus Gott ist und Gott alles kann, auch gesund machen, bäh!" Sie streckt ihre Zunge raus und verkündet dann:

„Ich werde eine Putzfrau!"

„Eine Putzfrau?" frage ich zurück und bin wirklich erstaunt über diese Alternative.

„Ja!" bekräftigt sie, „eine Putzfrau und eine Handarbeiterin und eine Köchin und eine Wäscherin, … ach, ich werde eine Mama, so wie du und dann brauchst du nichts mehr arbeiten. Ich bin ja da!"

Judith springt mich in ihrer wilden Liebe an und drückt und küßt mich.

Die unterbrochene Lesepause

Vor einigen Tagen habe ich mir ein Buch gekauft. Es hat den Titel „Kontemplation". Es ist Nachmittag, die Kinder spielen im Garten, und ich habe Ruhe zum Lesen. Ein Lesenachmittag, welch seltenes Glück!

Klara hat sich einen Apfel aus der Küche geholt und geht meiner Stille auf den Grund. Ich will mich nicht stören lassen und schenke ihr keine Beachtung. Sie setzt sich aber zu mir, und als sie der Meinung ist, lange genug gewartet zu haben, fragt sie:

„Was steht denn so Interessantes in dem Buch?"

„Wie man einen Weg zu Gott findet!" antworte ich kurz ohne aufzublicken.

„Lies mir vor, Mama!"

„Das verstehst du nicht, wenn ich es dir vorlese!"

Ich seufze, denn ich ahne, daß meine Lesepause zu Ende geht.

„Ich will es aber trotzdem wissen, was drinnen steht!"

Klara läßt nicht locker.

„Ach, Mama, lies mir doch vor! Du kannst mir's ja erklären, wenn ich etwas nicht verstehe. Bitte Mama!" bettelt sie.

Ich lese vor:

„Der Mensch läßt Gott in sich selbst Gott sein. Gott ist dann Gott in ihm!"

„Das verstehe ich wirklich nicht!" unterbricht mich Klara. „Erklär es mir!"

„Niemand braucht Gott irgendwo zu suchen, denn Gott ist in jedem Menschen. Wenn ich Gott suchen will, dann muß ich ihn in mir suchen. Verstehst du das?"

„Komisch ist das schon," antwortet sie, „ wenn Gott in mir ist, brauche ich ihn doch nicht suchen. Da habe ich ihn ja schon gefunden. Ich bräuchte ihn dann nur noch zu spüren. Und wie geht das? Steht das auch in diesem Buch?" fragt sie.

„Ja, das steht auch drinnen!"

„Lies vor, Mama!" drängt Klara.

„Ich werde das Buch zunächst zu Ende lesen, und dann erzähl ich dir, was alles drinsteht, einverstanden?"

„Ja! Vergiß aber nichts!"

Sie dreht sich um und geht. Und plötzlich ist es wieder still um mich. Durch die offene Balkontür höre ich das Lachen der Kinder, und ich freue mich, daß ich doch noch ungestört lesen kann.

Das Dilemma mit der Dreifaltigkeit

Die meisten Sonntagspredigten, die wir hören, sind – gelinde ausgedrückt – eine Zumutung. Mit einer Selbstgerechtigkeit, die ihresgleichen sucht, reduziert der Prediger die Dreifaltigkeit auf eine mathematische Formel, fern aller Lebendigkeit. Während ich gegen meine Wut ankämpfe, fängt Florian bei der Predigt zu lachen an. Schnell auf den Boden der Wirklichkeit katapultiert, bemühe ich mich darum, den Kleinen ruhig zu halten.

„Warum lachst du denn so?"

„Der Herr Pfarrer schreit schon wieder, wie jeden Sonntag!" kichert er vergnügt.

„Und das ist zum Lachen?" frage ich zurück, die aufsteigende Bitterkeit niederkämpfend.

„Ja!" antwortet Florian ziemlich laut flüsternd. Die Lautstärke nimmt sogar noch zu, als er erklärend fortfährt:

„Immer wenn der Pfarrer wütend wird, schreit

er. Und alle müssen stillsein und zuhören. Deshalb kann man in der Kirche nie streiten!"

Er beginnt laut zu lachen. Böse Blicke und Zischer blitzen wetterleuchtend um Florian. Ich lege meinen Finger auf den Mund und frage flüsternd:

„Warum kann man in der Kirche nicht streiten?"

„Weil in der Kirche nur der Herr Pfarrer schreien darf, und beim Streiten schreien alle!"

Jetzt unterdrückt er tapfer den nächsten Lachanfall. Von der anderen Seite flüstert mir Klara zu:

„Die drei sind eins? Jesus und ich sind aber nur zwei. Der Pfarrer kann nicht rechnen!"

Am Nachmittag fragt Klara:

„Mama, Gott ist drei?"

Ich antworte mit den Worten des Predigers:

„Ja, aber diese drei sind eins!"

„Immer?" fragt sie.

„Ja, immer!"

„Wie geht denn das?"

Ich suche nach einer Antwort. Da platzt Judith mit ihrer Weisheit heraus:

„Wenn drei Gotte sind, ist das Leben im Himmel nicht mehr schön, weil jeder der erste Gott sein will. Aber wenn nur ein Gott ist, sind alle drei glücklich!"

Für dieses eine Mal bin ich der Antwort entbunden, und ich bin heilfroh darüber, daß mir Judith die Antwort abgenommen und daß Klara verstanden hat.

Erfüllt Gott alle Wünsche?

Aus eigener Erfahrung weiß ich, daß Gott die wenigsten Wünsche erfüllt. Oft habe ich mir darüber schon Gedanken gemacht. Vielleicht liegt es daran, daß ich immer nur das Falsche gewünscht habe. Welche Art von Wünschen nun dazu geeignet ist, von Gott erfüllt zu werden, das kann ich nicht konkret beantworten.

Jedenfalls sind Fragen nach der Wunscherfüllung nicht nur bei großen Christen drängend, sondern auch bei kleinen.

„Gott kann alles!" stellt meine Klara fest und fragt gezielt:

„Heißt das, daß er alle Wünsche erfüllen kann?"

Wie gut ist es, schlagfertige Kinder zu haben! Obwohl ich eingestehen muß, daß ich Klaras Frage selber gerne beantwortet hätte, kommt Judith mir zuvor:

„Natürlich kann Gott alle Wünsche erfüllen!

Was denkst du denn?! Gott wäre aber blöd, wenn er das täte!"

„Warum denn, Judith?"

Mich erschreckt ihre direkte Ausdrucksweise. Gott kann man doch nicht „blöd" nennen!

„Ganz einfach, Mama," antwortet sie prompt, „sonst wünscht sich noch jemand, daß er selber Gott ist. Dann wäre ja Gott nicht mehr Gott. Da ist mir schon ein Gott als Gott lieber." Und zu Klara gewandt: „Sei bloß froh, daß Gott nicht alle Wünsche erfüllt, auch wenn er das könnte!"

Florian, der mit seinen Autos spielt, erklärt feierlich:

„Meine Wünsche erfüllt Gott immer!"

„Das glaube ich nicht! Du lügst!" kontert Judith.

„Doch! Tut er schon!" beharrt Florian.

„Und was für Wünsche hat er dir schon erfüllt?" will ich wissen.

„Den einen, den großen!" erwidert er geheimnisvoll.

„Sag's mir!" bettle ich.

Er springt auf meinen Schoß und flüstert mir ins Ohr:

„Ich hab mir gewünscht, daß du meine Mama bist. Und jetzt bist du meine Mama!"

Die Mädchen können nicht hören, was er gesagt hat. Sie tippen sich auf den Kopf und verschwinden.

Lebt der Kleine so bewußt in der Ewigkeit, daß

Vergangenheit, Gegenwart und Zukunft eins sind in seiner Erfahrung?

Vielleicht ist das in diesem Alter wirklich noch möglich.

Vielleicht hat er sich tatsächlich gewünscht, daß ich seine Mutter bin.

Die kleine Liebe

Geburtstag! Ich habe ihn immer gehaßt, diesen blöden Tag. Erst die Kinder haben mich gelehrt, mich auf diesen Tag richtig zu freuen. Ihre Geschenke sind keine Pflichtgeschenke. Zugegeben, sie sind nicht zu gebrauchen, und es kann durchaus sein, daß es Geschenke sind, die die Kinder selber gerne hätten. Doch das stört überhaupt nicht. Sie sind so strahlend ehrlich.

Florian hat mir mit seinen vier Jahren ein Geschenk besonderer Art serviert:

„Mama, ich wünsche dir, daß du dir wünscht, daß wir in den Wienerwald essen gehen!"

Sensationell! Klara und Judith sind empört über Florians Wunsch und erklären ihm, daß er mir ein Geschenk machen soll, weil es doch mein Geburtstag ist und nicht der seine. Florian verschwindet ins Kinderzimmer, während mir die Mädchen ihre Zeichnungen schenken.

Klara hat einen bunten Vogel gemalt und überreicht ihn mir mit der Erklärung:

„Wenn du sehr traurig bist, dann brauchst du
dich nur auf den Vogel zu setzen, und er fliegt mit
dir, wohin du willst. Er kann dich sogar bis in den
Himmel tragen. Oben bleiben darfst du aber nicht.
Du mußt schon wieder zu uns kommen. Ein Besuch
im Himmel reicht ja!"

Florian kommt wieder zurück und überreicht mir
mit strahlendem Lächeln einen kaputten Joghurt-
becher mit einer undefinierbaren Plastilinkugel und
verkündet: „Mama, ich hab dich so lieb, wie ich
kann! Freust du dich?"

Ich erinnere mich noch gut an den letzten Mutter-
tag:

Margeriten, ausgerissen und mit Wurzeln dran,
abgeknickt, teilweise geköpft, wild durcheinander –
mit schwarzgeränderten Fingernägeln und erdver-
schmierten Jeans überreicht:

„Für dich!"

Das sind die berührenden Augenblicke, die nur
die Liebe eines Kindes schaffen kann. Wertlose Geschenke, kostbarer als alles und unbezahlbar!

Das Spiel mit dem Tod

Meine beiden Mädchen angeln sich das dicke Lexikon vom Bücherregal und blättern darin herum. Klara buchstabiert die von Judith ausgesuchten Begriffe mühsam zusammen.

„Das ist ein Mumi!" Gemeint ist eine Mumie, aber Klara spricht das E nicht aus.

„Das haben die sicher falsch geschrieben", gibt Judith zu bedenken, „das heißt bestimmt Mami!"

„Nein, Mumi! Schließlich kann ich lesen und du nicht. Es heißt Mumi!" beharrt Klara.

„Und was soll ein Mumi sein?"

„Vielleicht dieses schlafende Kind!" Das Bild zeigt die Mumie einer Inka-Prinzessin.

„Iiiii, das Kind ist ja verschrumpelt wie ein fauliger Apfel!" sagt Judith angewidert.

„Mama!" – „Mama, hör endlich!" schreit sie durch die Wohnung.

„Ich bin ja da! Was gibt es denn so Wichtiges?"

„Wir haben ein Mumi gefunden! Es ist ganz verschrumpelt. Wo leben denn die Mumis?" sprudelt Klara heraus.

„Mumis? Ich kenne keine Mumis! Laß mal sehen!"

Sie zeigen mir die Mumie, und ich erkläre den Mädchen, was eine Mumie ist. Sie hören fasziniert zu, und Judith verkündet schließlich:

„Wir spielen Mumie! Der Florian muß sterben!" Sie sieht mich herausfordernd an, und beschwichtigend fügt sie hinzu: „Keine Angst, Mama! Er muß nicht wirklich sterben. Wir spielen nur so!"

Aus Kissen und Wolldecken wird ein Grab gebaut. Florian darf sogar Probeliegen, versprechen die zwei. Er soll es bequem haben als Toter.

Während Judith in den Garten flitzt, um Florian in die Wohnung zu zitieren, sammelt Klara Klopapierrollen, Küchencrepes und Papiertaschentücher. Rund um Florians Grab werden die Topfpflanzen postiert, denn ein Grab darf nicht ohne Schmuck sein.

Florian, der von seinem bevorstehenden Tod nichts ahnt, steht mit weit aufgerissenen Augen vor seinem Grab. Die beiden Mädchen erklären ihm, was eine Mumie ist und daß er dazu auserkoren ist zu sterben. Seine Gefühle drehen sich wie ein Karussell und er schaut mich hilfesuchend an. Judith erklärt ihm:

„Du mußt nicht die Mumie sein, du *darfst* die Mumie sein! Komm schon Florian, du mußt ja nicht echt sterben!"

„Wieso braucht eine Mumie so viel Klopapier?" Seine Stimme ist sehr unsicher.

„Eine Mumie braucht überhaupt kein Klopapier", erklärt ihm Klara sanft, „wir brauchen das Klopapier zum Mumie-Einwickeln. Eine Mumie ist ganz eingepackt, verstehst du? Und wir stellen dir auch noch Kerzen zum Grab, wie auf einem richtigen Friedhof! Willst du, daß das Grab unter einem Baum steht?"

„Aber nur, wenn auch Eichhörnchen auf dem Baum sind! Und den Teddybär will ich im Grab haben!"

„Wieso denn das?" Judith wird schon ungeduldig.

„Weil ich nicht ohne Teddy tot sein will!"

„Geht das überhaupt, Mama?" fragt mich Klara zweifelnd.

„Natürlich geht das, die Mumien haben auch Gegenstände mit ins Grab gelegt bekommen!"

„Willst du sonst noch etwas im Grab haben?" fragt Klara.

„Was zum Essen, ich habe Hunger!"

Nach und nach scheint sich Florian in das Unvermeidliche zu fügen. Er muß seinen Pyjama anziehen, und schon machen sich die Mädchen ans Werk, ihn in Klopapier zu wickeln. Halb eingepackt, meldet er sich empört zu Wort:

„Warum lacht ihr eigentlich so blöd? Am Grab muß man weinen!"

Verdutzt halten die Mädchen inne. Das Lachen ist ihnen vergangen.

„Du bist ja nicht wirklich tot. Erst wenn du wirklich stirbst, weinen wir... vielleicht!" erklärt Judith bestimmt.

Als die Wickelaktion bis zum Hals reicht, bekommt es Florian endgültig mit der Angst zu tun.

„Ich will nicht sterben!" weint er und befreit sich verzweifelt aus den Verwicklungen. Er flüchtet in meine Arme, und ratlos fragt Klara:

„Was sollen wir jetzt tun?"

„Alle müssen tot sein", schluchzt Florian, „sonst ist es im Himmel nicht schön!"

Wir überlegen gemeinsam, ob die ganze Angelegenheit nicht sanfter und ohne Angst gelöst werden könnte. Da keiner der drei die jetzt klar gewordene Beengtheit im Papierwickel hautnah erleben möchte, ist mein Rat gefragt.

„Wollt ihr das Mumienspiel wirklich noch spielen?" frage ich vorsichtig.

„Wenn du mitspielst, dann schon!" entscheidet meine Älteste.

Zunächst werden die beengenden Wickelüberreste beiseite geschafft, und das Einzelgrab wird zu einem Familiengrab vergrößert. Ich hole drei weiße Bettlaken, während die Kinder ihre liebsten Spieltiere und Puppen zusammentragen. Zum Schluß werden die Grabbeigaben noch ergänzt mit Gummibärchen und Schokoladenkeksen, und plötzlich springen alle drei vergnügt ins Grab. Ich decke jedes Kind mit einem Laken zu. Kichern hat die Angst abgelöst, und Florian fragt erwartungsvoll:

„Darf ich jetzt die Gummibärchen essen?"

„Nein!" ertönt es aus dem Grab, „zuerst mußt du sterben!"

„Mama, wie geht sterben?" fragt Judith.

„Zunächst müßt ihr still sein. Das ist ganz einfach, wenn ihr auf euren Atem achtet. Er kommt und geht und kommt wieder und geht, ohne daß ihr dabei etwas tun müßt!"

„Aber Tote atmen ja nicht!" wirft Klara ein.

„Du bist ja nicht wirklich tot, mein Kind. Und außerdem sieht man nicht, daß du unter dem Bettuch atmest! –

Achte wieder nur auf deinen Atem, wie er kommt und geht. Atme jetzt alle Gedanken und Ideen einfach weg, so daß es nichts anderes mehr gibt als deinen Atem!"

Ich habe Vivaldi aufgelegt. Die Stimmung wird sehr feierlich, keines der Kinder rührt sich mehr.

„Während ihr atmet, stellt euch vor, daß ihr ein Licht seht, ein schönes, strahlendes Licht. Und ihr geht auf das Licht zu und in das Licht hinein. Ihr atmet das Licht." – Immer wieder Pausen einlegend, spreche ich weiter:

„Mit dem Atem füllst du dich von Kopf bis zum Fuß voll mit Licht. – Überall ist Licht, in dir drin und um dich herum. – Wohin du schaust, ist Licht. – – –

Jetzt ist es aber an der Zeit, daß du das Licht wegatmest.

Denk jetzt wieder an die Schokoladenkekse und an die Gummibärchen, denn gleich wirst du sie essen. Das Spiel mit dem Tod ist vorbei. Du bist wieder lebendig. Und jetzt möchte ich endlich meine Kinder wieder sehen. Schlagt das Bettuch zurück!"

Florian kaut genüßlich das Gummibärchen, das er vor dem Sterben noch schnell in den Mund gesteckt hat. Alle lachen und stopfen sich voll mit den eßbaren Grabbeigaben.

Klara stellt fest:

„Mama, sterben ist nicht schwer. Und außerdem gibts Totsein gar nicht. Wenn man tot ist, ist man ja noch viel lebendiger als vorher!"

„Das stimmt wirklich!" bekräftigt Judith, „Weil dann alles lebt, auch die Puppe und der Teddy, und alle sind glücklich und ich auch!"

„Findest du das auch, Florian?" frage ich.

Er schüttelt den Kopf. „Wenn man tot ist, schmeckt alles nur nach Gummibärchen und Schokolade und Bonbons und Kuchen und Torten...", er sucht nach Worten:

„wie bei einem tollen Fest!" Alle lachen.

Das Todesspiel beschäftigt Klara noch tagelang. Eines Abends bittet sie mich um ein ganz weißes, schönes Papier. Sie malt mit Filzstiften eine Glockenblume. In einem großen Bogen spannt sie die Sonne über den Wiesenrand, als wachse sie aus demselben Boden wie die Blume. Am Himmel zieht eine freundliche blaue Wolke vorbei. Voll Freude schenkt sie mir ihre Zeichnung und erklärt:

„Die Glockenblume ist so schön, weil sie ganz, ganz glücklich ist. Und weil die Glockenblume so glücklich ist, will die Sonne nicht mehr am Himmel bleiben. Sie ist auf die Wiese heruntergekommen, genauso wie das Licht beim Sterben. Du hast nämlich 'was Falsches gesagt neulich!"

„Was denn?" frage ich.

„Du hast gesagt, wir sollen in das Licht gehen. Das war falsch! Beim Sterben kommt das Licht zu mir und nicht ich zum Licht!"

Wie ewig ist die Ewigkeit?

Die Sprache der Kinder ist die Sprache der kleinen Worte. Ich bin sicher, daß die Chance der kleinen Worte darin liegt, daß sie gehört werden und obendrein auch noch verstanden. Mit spielerischer Leichtigkeit holen die Kinder das Große in ihr Kleinsein und und gießen Unbegreifliches in eine greifbare Form.

Klara hat ein Problem:

„Mama, wie lang genau ist Ewigkeit?"

„Ewigkeit ist keine Zeit! Ewigkeit ist immer!"

Wie soll ich Ewigkeit erklären, wenn ich sie selber nicht fassen kann?

Klara gibt sich mit der Antwort zufrieden und überlegt laut weiter:

„Gott ist auch immer! Ist Gott Ewigkeit?"

„Gott hat es immer gegeben, und Gott wird es immer geben, mein Kind! Und das ist viel länger, als du dir vorstellen kannst!"

„Dann kann man aber nicht sagen: ‚Gott hat es gegeben!' Gott ist, muß es heißen!" verbessert sie mich.

„Ist Gott einfach jetzt?"

„Ja, so könnte man sagen!"

„Das ist aber toll: Gott ist immer jetzt!"

Wenn Klara sich über ein Erkennen freut, braucht sie etwas zu essen. Sie schnappt sich einen Apfel und führt mit vollem Mund ihre Gedankengänge fort:

„Mama, wenn Gott immer jetzt ist, dann ist er nie alt!"

„Du hast recht!"

„Wieso kann ich alt werden? Ich bin ja auch jetzt, und später gibt es mich immer noch!"

„Klara, du lebst in der Zeit! Wer in der Zeit lebt, wird älter. Dein Körper ist jung, und später wird er alt. Aber das Leben in dir drin wird nicht alt. Es wird reich an Erfahrung und dadurch reif."

„Mama, dann bin ich ja auch Ewigkeit!"

„Ein bißchen schon!"

„Warum nur ein bißchen?" will sie wissen.

„Gott hat es immer schon gegeben. Er hat nie angefangen. Du hast aber einmal angefangen zu sein. Seither bist du auch Ewigkeit!"

„Meine Ewigkeit versteh ich schon, aber die Ewigkeit von Gott versteh ich nicht!"

„Warum nicht?" frage ich sie.

„Gott hat nie angefangen? – Dann hat ja niemand Gott gemacht! – Drum ist Gott Gott! Mama, kannst du Gott verstehen? Ich nicht!"

„Ich auch nicht, mein Kind!"

„Du auch nicht?" Sie ist sehr erstaunt.

„Nein, ich auch nicht. Kein Mensch kann Gott begreifen!"

Tage vergehen. Klara kommt und behauptet:

„Ich kann Gott verstehen und du nicht!"

Ich schaue sie fragend an, und sie erklärt mir:

„Mama, Gott ist ein Kreis!"

Die Verwunderung ist auf meiner Seite:

„Wie kommst du darauf?"

„Ein Kreis fängt nirgends an und hört nie auf! Gott ist ein Kreis, und ich bin drin!" erklärt sie mir voller Stolz.

Die Schuld des heiligen Martin

An einem Tag wie heute erobert tatkräftige Herzlichkeit das Kinderzimmer. Das Gewöhnliche wird zum Ungewöhnlichen, und plötzlich bekommt der Alltag den Duft des Besonderen.

„Mama, wir brauchen ein Hemd vom Papa!" fordert Judith.

„Wozu?" frage ich.

„Wir wollen Martin spielen!"

Wir gehen zu Papas Schrank, und ich angle ein altes Hemd heraus.

Judith ist empört:

„Ein Sonntagshemd brauchen wir. Es ist doch für den Martin!"

Ich schlucke den aufsteigenden Einwand hinunter und händige ihr ein weißes Hemd aus.

Ich gehe wieder in die Küche und beschäftige mich mit der Zubereitung des Abendbrotes. Plötzlich höre ich das schallende Gelächter meiner Töchter. Eine böse Vorahnung beschleicht mich, und ich schaue ins Wohnzimmer.

Florian steht betreten mit Papas zerschnittenem Hemd in der Mitte des Raumes und verteidigt sich:

„Der heilige Martin ist schuld!"

Judith kommt ihrem Bruder zu Hilfe:

„Der Martin hat sogar einen Mantel zerschnitten, nicht nur ein Hemd! Brauchst also nicht schimpfen, Mama!"

Klara macht den Vorschlag:

„Kannst es ja wieder zusammennähen!"

Ich habe nicht geschimpft, und nach dem Martinstag habe ich Klaras Vorschlag in die Tat umgesetzt und das Martinshemd für nächstes Jahr zum erneuten Zerschneiden aufgehoben.

Geldnot

Florian hat schon ein paar Mark für Süßigkeiten ausgegeben, als er beim Weihnachtsbasar zu Schwester Christinas Plätzchenstand kommt. Sie fragt ihn freundlich:

„Nun, Florian, und was hast du dir ausgesucht?"

„Diese Plätzchen hier!" Er zeigt auf die größte Plätzchentüte und fragt:

„Wieviel kosten die?"

„Drei Mark!" antwortet die Schwester und erkundigt sich:

„Wieviel Geld hast du? Zeig her!"

Er zeigt nichts her, antwortet aber mit Bestimmtheit:

„Ich habe noch eine Mark!" Er überlegt kurz und fügt hinzu:

„Ich kaufe mir die Plätzchen um eine Mark!"

Schwester Christina:

„Das geht nicht, Florian! Du hast zu wenig Geld!"

„Das geht schon! Ich habe eine Idee: Nehmen Sie zwei oder drei Plätzchen heraus!"

„Das kann ich nicht machen! Was soll ich denn mit den zwei oder drei Plätzchen tun?"

„Die können Sie mir dann schenken ... oder jemand anderem!"

Die gute Schwester Christina gibt sich geschlagen.

Die ermüdende Schöpfung

Naß, trüb und kalt ziehen die Nebelwände an den Fenstern vorbei. Das Hupen der vorbeifahrenden Autos scheint noch ungeduldiger zu sein als sonst. Uns schlagen die Temperaturen und Witterungsumstände auf das Gemüt. Der Egoismus steigt sprunghaft in die Höhe, und Rücksichtslosigkeit hat das Sagen im Wohnzimmer, wo die Kinder ihrer Lustlosigkeit zu entfliehen suchen.

„Ich mag heute nicht mehr arbeiten! Wollen wir nicht zusammen etwas tun?" schlage ich den Kindern vor.

„Was denn?" brummt Judith zurück.

„Das können wir gemeinsam planen! Ich habe uns einen guten, heißen Tee gemacht. Den lassen wir uns erst einmal schmecken, dann fällt uns bestimmt was ein."

Ich hole die Tassen, finde auch noch einige Knabbereien und serviere den Tee. Dabei stoße ich versehentlich den dicken Duden von der Kommode, der eigentlich im Bücherregal stehen sollte. Die bunten, gepreßten Blätter, die wir vor einigen Wochen gesammelt haben, purzeln heraus. Klara sammelt sie auf und schlägt vor, damit zu basteln. Zögernd und mit wenig Begeisterung wird der Vorschlag angenommen. Judith findet getrocknete Blätter traurig und wirft den Klebstoff in großem Bogen durch das Wohnzimmer.

„Was sollen wir jetzt tun?" fragt Florian.

„Wenn getrocknete Blätter traurig sind, dann machen wir fröhliche Blumen – aber aus Papier!" schlage ich vor.

„Kannst du das?" zweifelt Florian und schaut mich mit großen Augen an.

„Natürlich kann ich das, und ich zeig euch, wie das geht. Das könnt ihr auch!"

Wir suchen bunte Papiere, schneiden sie zu und falten Origami-Blüten. Damit ist das Lachen des Sommers in unseren grauen Tag gerutscht. Die bunte Vielfalt der Blüten häuft sich auf dem Tisch. Nur Florian hat Schwierigkeiten mit seiner Fingerfertigkeit. Er gibt sich redlich Mühe, aber es will nicht so recht klappen. Deshalb darf er den Blütenberg in eine Blumenwiese verwandeln. Er klebt sie allesamt auf einen großen Papierbogen. Aus grünem Restpapier schneidet er Stengel und Blätter aus und freut sich über sein Werk.

„Pause!" schreit er. „Jetzt machen wir Pause!"

„Warum denn?" fragt Judith, die gar nicht daran

denkt, sich unterbrechen zu lassen. Er erklärt ihr mit Bestimmtheit:

„Welt machen ist ganz schön schwierig, da wird man müde und außerdem…" er setzt bedeutungsvoll ab, um seiner Aussage Nachdruck zu verleihen,

„Gott hat sich auch ausgeruht, wie er mit dem Welt-machen fertig war!"

Papa, der Nikolaus

Bei uns ist die Zeit zwischen November und Januar sehr feierintensiv. Und wir feiern gerne. Im November hat Klara Geburtstag, Anfang Dezember unser kleiner Florian und dann, ein paar Tage später, kommt der Nikolaus. Diese bestellten Nikoläuse, die schnell einmal zu Besuch kommen und den Kindern die Leviten lesen, die mochten wir von Anfang an nicht. Der beste Nikolaus ist doch immer noch der Papa. Er kennt die Kinder, und er liebt sie. Und noch ein Nikolausaspekt hat sich bewährt:

Wir machen kein Geheimnis daraus, daß Papa den Nikolaus spielt.

Wieder einmal war es so weit. Nach dem gemeinsamen Abendessen – das selten in so kurzer Zeit über die Bühne geht wie in der Aufregung vor der kommenden Feier – sitzen wir im Wohnzimmer zusammen, und Papa erzählt die Geschichte vom Nikolaus.

„Jedes Jahr an seinem Festtag verkleiden sich Menschen und beschenken sich gegenseitig!" erklärt er.

„Falsch, Papa", korrigiert Judith, „nur der Nikolausspieler beschenkt die Kinder und euch auch!"

Das vom Kloster geborgte Nikolausgewand ist wunderschön und feierlich, und die Kinder helfen Papa beim Anziehen. Obwohl er einen echten Bart im Gesicht hat, stülpt er sich auf Wunsch der Kinder den Nikolausbart um, denn der ist weiß und üppig – ein unecht echter Nikolausbart. Er verläßt das Wohnzimmer, um gleich darauf feierlich klopfend wieder zu erscheinen.

Florian darf den Stab halten und ganz nahe beim Nikolaus stehen. Das ist fatal, denn neben Florian steht mein Einkaufskorb, den der Nikolaus als seinen Gabenkorb mitgebracht hat.

Florians Aufmerksamkeit ist auf die Düfte und Glitzertüten im Korb gerichtet und der Stab senkt sich mehr und mehr auf den hochwürdig bemützten Kopf des Nikolaus zu. Die beiden Mädchen haben gerade ihr Flötenlied für den himmlischen Gast beendet, als Florian die Kontrolle über den Stab verliert und dieser auf der Mitra des Bischofs landet. Groß sind bischöfliche Häupter und groß die ehrfurchtgebietenden Kopfbedeckungen, jedenfalls so groß, daß sie Laienhäupter bis zur Hälfte in sich verschwinden lassen können. So widerfährt es auch unserem Nikolauspapa, und die feierliche Stimmung wird durch schallendes Gelächter unterbrochen. Die Spannung ist keineswegs weggeblasen, denn noch steht der wichtigste Moment des Abends bevor. Und außerdem ist unser Nikolaus mit einem himmlisch ruhigen und geduldigen Naturell gesegnet, und der verdatterte Florian mit seinen weitaufgerissenen Augen signalisiert, daß er überhaupt nicht verstehen kann, wie das passieren konnte.

Endlich teilt der gute, heilige Mann die gestrickten und gefüllten Socken aus und gibt Florian das Geschenk für Papa, damit er es ihm nachher geben kann. Florian fühlt sich sehr geehrt, und der heilige Gast nimmt Abschied bis zum nächsten Jahr.

Papa zieht sich wieder um und kommt zurück ins Auspackgetümmel. Florian läuft ihm entgegen und sagt vorwurfsvoll:

„Papa, schade, daß du nicht da warst! Der Nikolaus war da!" und fügt hinzu, ihm das Geschenk überreichend: „Das schickt er dir!"

Die heilige Konkurrentin

Klara ist mit ihren Hausaufgaben fertig. Sie ordnet ihre Hefte und meldet einen Wunsch an:

„Mama, weißt du, was ich gerne möchte?"

„Was denn?"

„Ich möchte gerne einmal ein Buch von dir lesen oder eines von Papa – jedenfalls eines von Erwachsenen. Ich kann ja schon alles lesen!"

„Hol dir eines aus dem Regal!"

Sie schiebt einen Stuhl vor die Bücherwand und steigt hinauf.

„Klara, so weit oben findest du nur die theologischen Bücher!" wende ich ein, als sie sich nach den höheren Regionen ausstreckt.

„Und wieso darf ich die nicht lesen?" fragt sie angriffslustig.

„Du kannst sie lesen, aber sie sind nicht immer leicht zu verstehen!"

„Wenn du mir's erklärst, versteh ich alles!"

„Wie du meinst!"

Sie angelt sich „Weisung in Freude", blättert ein wenig herum und liest vor:

„Nicht ächtet der Heilige, gesegnet sei Er, irgendein Geschöpf.

Sondern:

Alle nimmt er an."

Sie schüttelt den Kopf und fragt:

„Meine Güte, was bedeutet denn das?"

Ich erkläre es ihr.

„Da bin ich aber noch lange nicht heilig!" seufzt sie und zieht Bilanz:

„Den Philipp mag ich nicht, vor Spinnen graut mir, das Kümmelbrot und den Spinat mag ich auch nicht. Aber heilig möchte ich schon einmal sein. Kann ich das?"

Florian, der zugehört hat, meldet sich prompt zu Wort, noch bevor ich antworten kann:

„Das kannst du nicht! Weil *eine* heilige Klara gibt es schon. Das reicht! Zwei brauchen wir nicht!"

Der ungehorsame Jesus

Die Adventszeit geht – Gott sei's gedankt – dem Ende zu.

Ich bin redlich müde, freue mich, daß ich heute so viel erledigt habe und will mich im Wohnzimmer entspannen. Gar nichts tun, die Beine hochlegen und die Strickerei sein lassen.

Die Kinder sind noch nicht im Bett und stürmen ins Wohnzimmer.

„Mama, was hast du?" fragt meine Große.

„Ich bin müde, das ist alles!"

Mütterlich, wie sie nun einmal ist, deckt sie mir die Beine mit einer Decke zu und sagt:

„Ruh dich aus, Mama, wir sind bestimmt nicht laut!"

„Dürfen wir nicht hier spielen?" will Judith wissen.

„Natürlich könnt ihr hier spielen. Mich stört das nicht!"

„Spielen wir Jesus, Maria und Josef!" schlägt Klara vor. Allgemeine Zustimmung und Rollenverteilung:

Klara spielt Maria, Judith ist der Josef und Florian besteht darauf, Jesus zu sein.

Josef liest die Zeitung. (Er hält sie verkehrt in der Hand.) Jesus darf fernsehen, während Maria strickt.

Josef blickt von der Zeitung auf und verkündet: „Du, Maria, wir müssen in ein fremdes Land. Der böse König will den Jesus erschießen!"

„Nicht so laut, Josef, sonst hört es der Jesus und bekommt Angst!" mahnt Maria.

„Hab's schon gehört! Aber ich bin ja auch der Gott, und deshalb habe ich keine Angst", erklärt Jesus.

Das kann ja heiter werden!

„Josef, ich packe jetzt alles zusammen! Ziehst du schnell den Jesus an? Und schau auch gleich zum Esel!"

Judith ist stutzig:

„Der Papa ist nicht da! Jetzt haben wir keinen Esel!"

Maria beschwichtigt ihren Josef:

„Macht nichts! Wir fahren mit dem Zug!"

„Nein, ich will mit dem Auto fahren, aber mit einem Rennauto!" entrüstet sich Jesus. „Ich will doch nicht, daß mich der Herodes erwischt. Mit dem Rennauto können wir ganz schnell flitzen!"

„Ja, genau!" bestätigt Josef.

„Mach schnell! Beeil dich!" treibt Maria.

„Ich muß noch auf's Klo!" jammert Jesus.

Ein großer elterlicher Seufzer entringt sich Josef und Maria gleichzeitig.

Endlich sitzen alle drei zusammengepfercht im Wäschekorb (Rennauto!). Josef ist ein Spitzenfahrer. Wo hat der seinen Führerschein gemacht? Die Fahrweise ist riskant und beängstigend. Jesus hat Hunger. Maria weigert sich, in ein Gasthaus zu gehen – aus finanziellen Gründen.

Jesus wird wütend und Josef ärgerlich:

„Wenn du der Jesus sein willst, mußt du immer brav sein, weil Gott nicht schlimm sein kann!"

Jesus meldet sich lautstark zu Wort:

„Das ist gar nicht wahr! Gott muß überhaupt niemand folgen. Alle müssen tun, was er will. Du mußt *mir* folgen. Verstanden?"

Josef ist empört und Maria ratlos. Sie wendet sich an mich:

„Mama, hat der Jesus immer gefolgt?"

„Ob er seiner Mutter immer gefolgt hat, das weiß ich nicht. Aber seinem Vater im Himmel war er immer gehorsam!"

„Und war er wütend oder nicht?"

„Sicher konnte er auch wütend sein!"

Marias Ratlosigkeit wächst:

„Mensch, was sollen wir bloß tun?" Sie überlegt und kommt zu dem Schluß:

„Nein, so mit dem Papa schreien, das tut der Jesus bestimmt nicht. Ich habe eine Idee! Mama, schau schnell in der Bibel nach, wie sie es gemacht haben!"

„Als Jesus groß war", antworte ich, „hat er einmal gesagt: ‚Liebet einander, wie ich euch geliebt habe!'"

„Das geht aber nicht", wendet Klara ein, „weil doch der Jesus Mensch *und* Gott war. Ich bin nur die Klara, aber kein Gott!"

Jesus hat sich wieder beruhigt und antwortet:

„Du bist die Klara und die Maria auch. Aber *ich* kann alle liebhaben, weil ich der Jesus bin und der Florian!"

Die alte Sidonia

Klosterschwestern waren unsere Rettung, als wir nach einem halben Jahr Wohnungssuche schon beinahe den Mut verloren. In einem zum Klosterareal gehörenden Haus stellten uns die Schwestern eine Wohnung zur Verfügung. Das hat sich im wahrsten Sinne des Wortes als sehr segensreich erwiesen. Der große, eingezäunte Park bietet dem kindlichen Bewegungsdrang optimalen Schutz, und die guten Schwestern haben sehr schnell das Vertrauen der Kinder gewonnen. Florian ließ sich gerne in der Eingangshalle bei der Pforte sehen, weil er jedesmal etwas geschenkt bekam… vor allem Aufmerksamkeit und Zuneigung. Und wer mag das nicht?

Heute habe ich ihn zur Pforte geschickt, um nachzufragen, ob Post für uns gekommen ist. Ohne Brief oder Karte stürmt er ins Kinderzimmer, ruft mir zu:

„Nichts da!" und knallt die Tür mit einem Fußtritt ins Schloß. Ich gehe ihm nach und frage:

„Wer war denn heute an der Pforte!"

„Die alte Sidonia!" gibt er kurz angebunden zur Antwort.

„Du sagst ,alte' Sidonia?"

„Ja!"

„Ich sage Schwester Sidonia!"

„Zu der alten Sidonia sage ich nie mehr Schwester!" beharrt er trotzig.

„Aha! Und warum nicht?"

„Weil ich sie nicht mag!"

„Nicht? Wieso denn?"

„Die tut immer so gescheit!" – Er äfft sie nach: „Florian, das darfst du nicht! Wenn du nicht artig bist, ist deine Mama traurig! – So ein blöder Quatsch!" fügt er noch hinzu. Er ist ganz rot vor Ereiferung.

„Was hast du getan?" forsche ich weiter.

„Gar nichts, Mama! Ich habe nur gesagt: ,Ich bin auch noch da!' Und weil sie nicht gehört hat, habe ich's noch ein bißchen lauter gesagt! Sie hört ja so schlecht, die alte Sidonia!"

Das „Bißchen-lauter-gesagt" läßt mich ahnen. Wahrscheinlich hat er geschrien. Vorsichtig pirsche ich mich an ihn heran:

„Das hat dich geärgert?"

„Ja, sehr!" bekräftigt er und fragt:

„Mama, bist du wirklich traurig, wenn ich mich ärgere?"

„Nein, eigentlich nicht!"

„Und wenn ich „alte Sidonia" sage?"

„Dann bin nicht ich traurig, sondern Schwester Sidonia, falls sie es hört!"

„Das ist gut!" Er sonnt sich in seiner Schadenfreude.

„Du findest es gut, wenn du jemanden traurig machen kannst? Ich nicht!"

„Ich schon, aber nur bei der alten Sidonia!"

Am nächsten Tag hole ich die Post und nehme Florian mit. Wieder versieht Schwester Sidonia ihren Dienst, und ich bin gespannt, wie mein Kleiner darauf reagiert. Er pflanzt sich vor dem Fenster auf und sagt betont freundlich:

„Guten Morgen, Schwester Sidonia!" Dabei tritt er mir bedeutungsvoll gegen das Schienbein. Beim Zurückgehen, aber noch in Hörweite, fragt er mich:

„Mama, ist die alte Sidonia jetzt glücklich?"

Der ganz andere Berufswunsch

Florian kommt in die Küche und hilft mir beim Abendbrotzubereiten. Beharrlich schweigt er. Ich unterbreche sein Grübeln und frage:

„Möchtest du mir nicht sagen, was los ist?"

„Doch!" Wieder schweigt er.

„Komm, sag's mir!" ermutige ich ihn.

„Wie ich heute im Garten war, hat die Schwester schon wieder gesagt, ich soll ein Herr Pfarrer werden? Wieso soll ich denn ein Herr Pfarrer werden?"

„Du mußt keiner werden! Du kannst dir den Beruf aussuchen, den du willst!"

„Aber warum will die Schwester, daß ich ein Herr Pfarrer werde?" bohrt er.

„Florian, ein Priester ist ein ganz besonderer Diener von Gott! Vielleicht möchte die Schwester, daß du ein solcher wirst!"

„Nein, werde ich nicht!" antwortet er mit Bestimmtheit. „Ich werde ein Müllmann – ein besonderer Müllmann von Gott!"

Entdeckung am frühen Morgen

Die Nacht wacht noch über den jungen Tag. Es ist fünf Uhr morgens, ein Tag im Januar. Diese Zeit ist mir kostbar.

Im Wohnzimmer brennt eine Kerze, und ich sitze auf dem Boden und meditiere. Ganz leise öffnet sich die Tür, und Kinderhände legen sich auf meine Schultern:

„Mama, was tust du da?" Klara sieht mich mit schlaftrunkenen Augen an.

„Ich meditiere!"

„Was ist denn das?"

Sie kuschelt sich auf der kleinen Meditationsmatte an mich, und ich decke sie mit meiner warmen Wolljacke zu. Ich streichle ihr wirres Haar und suche nach Worten.

„Meditieren, das ist beten!"

„Beten?" fragt sie verwundert.

„Ja, Klara, meditieren ist beten, aber es ist ein anderes Gebet als das Abendgebet zum Beispiel!"

„Ist Meditieren ein Morgengebet?"

„Meditieren kann man zu jeder Zeit, am Morgen oder Abend oder auch während des Tages!"

„Und was betest du da?"

„Nichts!"

Klara ist verwirrt:

„Das versteh ich nicht."

„Schau, mein Kind, wenn du betest, bist du ganz bei Gott und redest mit ihm. Beim Meditieren bin ich auch ganz bei Gott. Gott ist da, und ich bin da – und das ist alles!"

„Aha, ich verstehe: Du machst es wie Gott beim Beten!"

„Jetzt verstehe ich nicht, was du meinst!"

„Wenn ich bete, rede immer nur ich. Gott sagt nie etwas", sie kichert, „drum ist beten ja so langweilig. Immer soll ich was sagen. Beim Meditieren sagst du auch nichts, du machst es einfach so wie Gott! Ist doch so, oder?"

„Ja, so kann man sagen!"

„Du bist da, und Gott ist da!" wiederholt sie meine Worte und fragt zweifelnd:

„Ist das nicht auch langweilig?"

„Ist dir langweilig, wenn wir zwei uns zusammenkuscheln, uns einfach liebhaben und gar nichts sagen?" frage ich sie.

„Nein, natürlich nicht! Da spür ich ja deine Liebe! – Und beim Meditieren spürst du Gott. Aha, meditieren heißt Gott spüren!" Sie löst sich aus unserer Zweisamkeit und fragt:

„Was tun wir jetzt?"

„Jetzt gehen wir zwei wieder ins Bett. Für dich ist es viel zu früh zum Aufstehen!"

„Darf ich mich zu dir legen?"

„Ja, klar! Aber wir müssen ganz leise sein, damit wir die anderen nicht wecken!"

Sie lacht, denn sie weiß Bescheid:

„Wenn die uns hören, kommen sie alle zu dir und Papa ins Bett!"

Beim Frühstück verkündet Klara ihre Neuentdeckung:

„Die Mama meditiert!"

„Das tut der Papa auch!" sage ich.

„Du auch?" wendet sie sich verwundert an ihn.

„Ja!" sagt er, als wäre das die selbstverständlichste Sache der Welt.

Für uns beide gehört Meditieren zu unserem Alltag.

„Was ist denn das?" fragt Judith verwundert.

„Auf dem Boden hocken wie beim Fernsehen und Augen zu wie beim Schlafen!" erklärt Klara schlagfertig.

„Fernsehschlafen!" stellt Judith ebenso wortgewandt fest.

„Du spinnst! Fern*sehen* ist nicht schlafen!" Florian tippt sich an die Stirn und schüttelt den Kopf.

„Du kapierst einfach überhaupt gar nichts!" wendet sich Klara ärgerlich an ihren Bruder, „Ich zeig dir, wie man meditiert!"

Sie rutscht unter den Tisch, schlüpft zwischen den Beinen durch und holt aus unserem Schlafzimmer die Meditationsmatte.

„Ich will auch!" verkündet Judith und verläßt den Eßtisch. Florian macht natürlich gleich mit. Mein Mann und ich bleiben bei unserem Frühstück sitzen.

„Und ihr?" fragt Klara. „Macht doch auch mit!"

Gehorsam, wie Eltern nun einmal sind, nehmen wir auch auf dem Boden Platz.

„Hinsetzen wie Papa und Mama!" kommandiert Klara. „Hände wie beim schlampigen Beten falten und auf die Beine legen, und jetzt braucht ihr nur noch warten, bis ihr Gott spürt!"

Stille ist eingekehrt.

„Spürst du schon was?" flüstert Klara zu Florian hinüber.

„Ja!" flüstert er zurück.

„Was denn?"

„Ich bin hungrig!"

„Bleib sitzen und warte weiter!" befiehlt Klara und wendet sich an Judith:

„Spürst du schon was?"

„Noch nicht, aber ich weiß warum! Wenn Gott nicht da ist, ist er gerade bei wem anderen. Da kann ich lange warten, bis ich dran bin. Warten ist mir zu langweilig. Ich gehe essen!"

Die ersten Meditationsversuche sind enttäuschend für Klara, und noch mehr frustriert sie, daß sie bei den anderen so ernüchternd abgeblitzt ist.

Judith läßt sich ihr Müsli schmecken und fragt mit vollem Mund:

„Kennt ihr das Gegenteil von meditieren?"

Wir schauen alle von unserem Essen auf.

„Bubitieren!" verkündet sie und prustet vor Lachen die Müslireste über den Tisch.

Schnee-Meditation

„Wieso können Kinder nicht meditieren?" will Klara von mir wissen. Der Mißerfolg von heute morgen beschäftigt sie immer noch.

„Oh, ich glaube gar nicht, daß Kinder das nicht können! Ich meine, Kinder können das sogar besser als wir Erwachsene!"

„Ehrlich?" Sie strahlt mich an. „Aber wieso können es der Florian, die Judith und ich nicht? Was haben wir denn falsch gemacht?"

„Klara, meditieren heißt nicht: richtig sitzen und Stillsein. Das ist nicht nur eine Sitzübung. Man muß es wirklich wollen, und dann ist es egal, ob man dabei sitzt oder steht oder liegt. Ich muß ganz bei Gott sein wollen, dann wird es automatisch still in mir und um mich herum, verstehst du?"

„Machst du es mit uns, Mama?" bittet sie.

„Jetzt gleich?"

„O ja! Ich hol die anderen!"

„Ich mag nicht meditieren. Das ist so langweilig!" protestiert Judith beim Hereinkommen.

„Du mußt nicht, denn du machst es öfter, als du selber weißt!"

„Ich?" fragt sie verwundert.

„Ja, du und ihr alle drei. Ihr wißt es nur nicht!"

Jetzt habe ich die Neugierde aller auf meiner Seite.

„Wenn ihr spielt und auf einmal erzählt ihr, wie ihr Gott erlebt und erkennt, das ist Meditation!"

„Das Spiel ist Medi...was?"

„Meditation, und wenn man Meditation macht, nennt man das meditieren! Aber nicht jedes Spiel ist Meditation. Bei Kindern ist aber Meditation jedesmal ein Spiel, ein göttliches Spiel. Möchtet ihr ein solches Spiel spielen?"

Ein einstimmiges Ja!

„Kommt her zum Fenster! Was seht ihr?"

„Es schneit!"

„Richtig! – Es schneit! –

Schaut nur auf die Flocken. –

Tausende und Abertausende purzeln aus dem Nirgendwo, und sie decken alles ganz sanft zu. –

Und immer mehr und mehr tanzen auf uns herab, ganz leise, ohne Lärm – und sie sind rein und weiß! –

Stellt euch jetzt vor, die ganze Fülle der Schneeflocken ist die Liebe, die Gott uns heute schenkt. –

Jede Flocke ist ein Stückchen Liebe, direkt von Gott kommt die Liebe auf uns herab!" – – – Stille!

– – –

„So viel liebhaben wie Gott kann kein Mensch!"
flüstert Judith.

„Ich weiß jetzt, wie lieb Gott die Menschen hat!"
erklärt Klara.

„Und wie lieb hat er uns Menschen?"

„So lieb, wie wir es aushalten können, nicht mehr
und nicht weniger!" erläutert Klara. „Wenn Gott die
Menschen weniger lieb hätte, dann wären sie immer
nur traurig. Und wenn Gott die Menschen mehr
lieb hätte, dann könnten sie es nicht aushalten.
Dann tut die Liebe weh!"

„Der Gott läßt die Liebe tanzen wie die Schneeflocken. Und jeder kann mittanzen, wenn er mag!"
kommentiert Florian und setzt hinzu: „Und wann
meditieren wir endlich?"

Ich nehme meinen Schlaumeier in den Arm und
wirble ihn herum:

„Das war schon die Meditation, mein Sohn!"

„Gelebtes Christentum"! „Erkanntes in die Tat um-
setzen"! Zauberwörter für alle Glaubenden…

Aber nur ein kindliches Herz erstürmt den Himmel. Vielleicht können wir Erwachsene am Vorbild
unserer Kindern erahnen, was damit gemeint ist.
Die Schnee-Meditation hat bei meinen Kindern eine
Fülle von Erkennen ausgelöst.

Beim Spiel im Garten, ein paar Tage später, purzelt
das Erkannte als Ausdruck vollendeter Freude ans
Tageslicht.

Florian schnappt nach den Schneeflocken:
„Ich fange die Liebe von Gott!"

Judith rollt aus der schneegewordenen Liebe
einen Schneemann, und Klara erkennt, daß der
gebaute Iglu eigentlich ein Gotteshaus ist, weil er
aus lauter Gottesliebe zusammengefügt ist.

Du hast mich nicht vergessen

Der Alltag bietet den Rahmen für das Bild, das Stunde um Stunde entsteht – namenlos, als Spur des Lebens. Am Abend ist das Bild des Heute fertig, und morgen bietet ein neuer Rahmen Platz für ein neues Alltagsbild.

Hin und wieder zieht Klara sich zurück, um allein zu sein. Die Gemeinschaft ist ihr zu dicht. Sie braucht die Einsamkeit, um sich über irgendetwas klar zu werden oder eine Erfahrung zu vertiefen.

„Darf ich in Papas Arbeitszimmer gehen? Ich bring ihm bestimmt nichts durcheinander!" verspricht sie, klemmt ein altes Heft und ihre Buntstift-Schachtel unter den Arm und schleicht hinüber in die kleine Kammer.

Judith und Florian liegen auf dem Boden im Wohnzimmer. Ganz vertieft in ihr Spiel mit den bunten Holztieren, den Matchboxautos und den Bausteinen.

Leise ziehe ich mich wieder in die Küche zurück. Gründliches Putzen ist fällig, und mit einem tiefen Seufzer mache ich mich ans Werk.

Der Tag ist unfreundlich. Schneeregen peitscht ans Fenster, die Wolken hängen tief und drückend. Das Licht des Tages läßt sich nicht einmal ahnen, selbst am Mittag ist es dämmrig und kalt.

Ich bin mit meiner Arbeit in der Küche fertig. Klara hat sich noch immer nicht blicken lassen. Vorsichtig öffne ich die Tür zu Papas Arbeitszimmer.

Sie sitzt am Schreibtisch. Über das Heft gebeugt, malt sie sorgfältig die Buchstaben. Eine Seite hat sie vollgeschrieben mit dem immer gleichen Satz:

GOTT, DU HAST MICH NICHT VERGESSEN.

Jede Zeile in einer anderen Farbe. Ich lege meinen Arm um ihre Schultern. Klara schaut zu mir auf und sagt:

„Ist das nicht wunderbar, Mama!"

Ein Urgedanke hat ihre Seele berührt. Was sie schreibt, steht in enger Beziehung zu dem, was sie spürt, was ihre Seele erfährt.

Der lächelnde Gekreuzigte

Judith zeichnet Jesus am Kreuz. Neugierig begutachten ihre beiden Geschwister das Bild. Klara ist empört:

„Was zeichnest du denn da? Das stimmt doch gar nicht! Jesus hat nie und nimmer gelacht, wie er am Kreuz gestorben ist. Hast du vergessen, daß ihm alles weh getan hat – vom Kopf bis zum Fuß! Dem ist das Lachen vergangen. Oder kannst du lachen, wenn du Kopfweh hast? Unausstehlich wirst du dann! Aber Jesus war nicht unausstehlich, obwohl ihm alles weh getan hat, so weh, daß er daran gestorben ist. Verstanden?"

Florian gibt auch noch seinen Senf dazu:

„Judith, du spinnst wirklich! Du kannst ja nicht einmal einen richtigen Jesus zeichnen!"

Bis jetzt hat Judith geschwiegen und wissend ihren Jesus angelächelt, doch nun verteidigt sie sich kraftvoll:

„Ihr seid ja alle beide blöd, weil ihr nichts versteht! Mein Jesus lächelt, weil er sich freut, daß er ganz bald sterben wird. Dann hat er auch keine Schmerzen mehr, und nach dem Sterben kann er endlich wieder ganz Gott sein: Und darauf freut er sich! Wer sich freut, der lächelt – oder etwa nicht?"

Mein Gott, ist der Pfarrer dumm

Zwei polnische Bischöfe feiern mit dem Pfarrer die heilige Messe. Es geht sehr feierlich zu, obwohl „nur" ein gewöhnlicher Sonntag in der österlichen Zeit ansteht.

„Wieso ist heute so eine große Ostermesse?" fragt Florian.

„Weil sich alle über den Frühling freuen, ist doch klar!" erklärt Judith.

Florian schaut ungläubig zu mir und seufzt:

„Die wird bestimmt sehr lange dauern!"

„Komm, setz dich zu mir, ich erkläre dir genau, was vorne am Altar geschieht. Du kannst es dann besser verstehen, und dir wird nicht langweilig!" lade ich Florian ein.

„Mir ist aber jetzt schon langweilig!" mault er.

Bei der Predigt seufzt Florian laut vernehmbar und mit Nachdruck gleich noch einmal. Die Mädchen kichern, und der Pfarrer schaut mahnend in unsere Richtung, erhebt seine Stimme und meldet:

„Hier ist das Land, wo Milch und Honig fließt!"

Judith schaut wie elektrisiert auf und gibt kund:

„Das muß im Klostergarten sein, weil wir da nicht hinein dürfen!"

Der Rest der Predigt und ein Großteil der Messe wird von Judith und Florian dazu mißbraucht, Pläne zu schmieden, wie sie in das „Gelobte Land", in dem Milch und Honig fließen, eindringen können, ohne von den Schwestern gesehen zu werden. Sie malen sich ihr Schlaraffenland aus, das sie gleich heute noch erforschen wollen.

Vor der Wandlung mahne ich zu Stille und Aufmerksamkeit.

Florian beginnt zu lachen und flüstert mir zu:

„Hast du das gesehen, Mama? Der Pfarrer hat den Bischöfen die Mütze geklaut. Und die haben es nicht einmal bemerkt! Und jetzt vergißt er doch glatt, daß er sie versteckt. Mein Gott, ist der Pfarrer dumm!" Florian schlägt sich mit der Hand vor den Kopf.

Nach der Messe fragt Judith allen Ernstes:

„Mama, meinst du, die Schwestern sind sehr böse auf den Herrn Pfarrer, weil er verraten hat, was im Klostergarten ist? Jetzt wissen's alle... Der Florian hat recht: Heute war der Pfarrer wirklich saudumm! Das ist ihm bestimmt nur passiert. Das hat er nicht mit Absicht gemacht, nein, bestimmt nicht!"

Die Strafarbeit

Wie gut , daß es noch Lehrer gibt, die sich von den Kindern so sehr provozieren lassen, daß sie die ganze Klasse zur Strafe einen Aufsatz schreiben lassen. Hätte der Religionslehrer nur die Störenfriede bestraft, wären wir nicht zu Klaras Aufsatz vom Schiff gekommen:

Ich bin ein Boot, schwimme auf dem Wasser und trage Leute. Heute trage ich Jesus und seine Jünger. Er ruht sich in mir aus. Auf einmal kommt ein Sturm. Die Jünger haben große Angst. Sie laufen auf mir herum, daß mir ganz schwindlig wird. Ich fürchte, daß ich jeden Augenblick auseinanderbreche, wie viele Schiffe vor mir. Mich wundert, daß Jesus nicht aufwacht. Eine Welle nach der anderen kommt auf uns zu. Die Angst wird mit jeder Welle größer. Da höre ich, wie ein Jünger zu Jesus läuft und ruft:

„Herr, hilf uns! Ein Sturm! Wir haben Angst!"

Jesus setzt sich auf und fragt:

„Warum habt ihr Angst? Ich bin doch bei euch!"

Die Angst in mir weicht. Jesus ist in mir, also kann auch mir nichts passieren. Aufgeregt bin ich, denn ich weiß nicht, wie es weitergehen soll. Da kommt Jesus. Er stellt sich auf, hebt die Arme und schaut aufs Meer. Er ruft:

„Still, ihr Wasser!"

Auf einmal ist es ganz still. Das Meer war wieder flach. Ich staune. Die Jünger stehen wie angewurzelt da und können nicht begreifen, was geschehen ist. Sie sagen:

„Gott ist stärker als die Wellen und die Angst!"

Auch ich weiß jetzt genau: Gott ist wirklich stärker als die Angst, und ich schwimme guter Dinge weiter. Von da an habe ich nie mehr Angst, denn ich weiß: Gott ist immer bei mir!

Gott zum Anfassen

Wenn Pater Raphael die Sonntagsmesse feiert, freut sich Florian. Ich nehme ihn bei allen Messen mit nach vorne, wenn ich zur Kommunion gehe. Aber bei Pater Raphael ist das für Florian etwas Besonderes. Er bückt sich zum Kleinen herunter und zeichnet ihm ein Kreuzchen auf die Stirn. Dabei schaut er ihn an und lächelt. Und jedes Mal, wenn Florian angelächelt wird, faßt er Pater Raphaels Meßgewand an.

Nach der Messe geht Pater Raphael auf Florian zu und verspricht ihm:

„Du darfst einmal mit mir in die Sakristei gehen und alle Meßgewänder anfassen!"

Florian antwortet:

„Das will ich aber nicht!"

„Warum berührst du mich bei der Kommunion immer?" will der Pater wissen.

„Damit ich auch ein bißchen den Jesus spüre, den

Sie allen geben, nur mir nicht! Aber lange fasse ich Sie nicht mehr an, dann will ich auch das heilige Brot essen wie alle anderen!"

Pater Raphael fragt ihn:

„Ja, weißt du denn überhaupt, was das heilige Brot ist?"

„Natürlich weiß ich das!" antwortet Florian, „Im heiligen Brot versteckt sich Jesus. Aber der kann sich gar nicht genug darin verstecken. Ich weiß, daß er drin ist!"

Eine göttliche Fehlentscheidung

Judith kann es nicht fassen, daß es so etwas überhaupt gibt. Aber sie ist überzeugt davon, daß Gott einen schweren Fehler begangen hat.

„Der größte Blödsinn, den Gott gemacht hat, ist Jesus!" stellt sie mit Bestimmtheit fest.

„Was sagst du da?"

„Hast du nicht zugehört? Gott hat auch Fehler gemacht. Alle kenne ich noch nicht, aber den größten Blödsinn, denn er gemacht hat, den kenn ich!" wiederholt sie noch einmal ihre Behauptung.

„Und was findest du so blöd?"

„Daß Jesus Mensch geworden ist!"

„Mein Gott, Judith, warum denn?"

„Alle, die Gott wirklich liebhaben, möchten ihn doch spüren und sehen, und alle denken dabei an Jesus. Aber Jesus ist doch ein Mensch. Und die Menschen sind so blöd und denken *nur* an den Jesus-Mensch. Deshalb kennen sie Gott nicht. Wäre

Jesus kein Mensch geworden, würde ihn niemand von Gott wegdenken!"

„Du meinst: Jesus und Gott wären so eins, daß niemand ihn getrennt von Gott spüren könnte!"

„Genau! Jesus und Gott kann man nicht trennen. Aber seit er Mensch geworden ist, trennen ihn alle Menschen!"

Klara bestätigt Judiths Auffassung:

„Das stimmt wirklich, was die Judith sagt! Schau doch den Florian an, der versteht Gott auch nicht, weil er immer nur an den Jesus denkt!" Sie seufzt und fügt hinzu:

„Und dabei ist doch Gott ganz, ganz anders! Wann kapiert das der Florian endlich? Wir haben ihm das schon so oft erklärt, aber Gott versteht er immer noch nicht!"

„Gott kann man nicht erklären, Klara! Einmal wird Florian ihn aber so erkennen, wie sich Gott von ihm erkennen lassen möchte!"

Judith antwortet seufzend:

„Dann darf er auch zur Kommunion gehen und keinen Tag früher! Man muß Gott kennen, wenn man das heilige Brot ißt!"

Gott besuchen, so ein Quatsch!

Judith, die seit Herbst in die Schule geht, nimmt Anstoß am Religionsunterricht.

„Heute haben wir in Religion 'was Blödes gelernt!"

„Was Blödes?" frage ich.

„Ja! Die Schwester hat gesagt, wir sollen Gott in der Kirche öfter besuchen! Das ist doch blöd! Gott ist doch in mir drin, da brauch ich ihn ja nicht besuchen!"

„Hast du das auch der Schwester gesagt?"

„Ja, freilich! Aber die Schwester hat gesagt, das wissen nicht alle, und deshalb sollen wir Gott in der Kirche besuchen. Das wissen nämlich alle, daß Gott in der Kirche wohnt. Da hat sie gelogen!"

„Das hat sie nicht, Judith!" verteidige ich die Religionslehrerin.

„Doch! Wer nämlich nicht weiß, daß Gott viele Leben hat, der kennt ihn nicht. Und besuchen tut man nur, wen man kennt!"

„Du hast gesagt, daß Gott viele Leben hat! Was meinst du damit?"

„Ach, Mama, du fragst genauso dumm wie die Schwester," seufzt Judith, „Gott lebt im Himmel, im heiligen Brot, in mir drin und in dir und überhaupt überall. Das stimmt doch, oder?"

„Ja, das stimmt!"

„Wozu, bitte schön, soll ich Gott dann besuchen? So ein Quatsch! Ich kann doch überall mit ihm reden!"

„Tust du das?" frage ich.

Jetzt platzt Judith der Kragen. Sie pflanzt sich vor mir auf und will wissen:

„Hast du mit der Schwester telefoniert?"

„Nein! Warum denn?"

„Weil du schon wieder das gleiche fragst wie sie! Und daß du es genau weißt: Ja, das tu ich! Und das habe ich der Schwester auch gesagt. Und jetzt habe ich Hunger."

Der Traum

Wenn Florian hellwach zum Frühstück erscheint, sind alle anderen in Alarmbereitschaft. Meistens kann er nie genug Schlaf bekommen, ist unansprechbar und muffig, solange sein Bauch leer ist. Heute jedoch ist Florian schon auf nüchternen Magen aufgeregt, und das läßt uns alle aufhorchen:

„Kommt endlich alle," schreit er durch die Wohnung, „ich muß euch was erzählen!"

„Was hat er denn?" brummt Klara und schaut mich fragend an. Ich weiß es auch nicht.

„Ich habe was Schönes geträumt, aber so was Schönes. Ganz was fürchterlich Schönes!" verkündet er und strahlt uns alle an.

„Erzähl uns deinen Traum, Florian!"

„Ich habe gespielt, und dann ist Jesus gekommen und hat zu mir gesagt:

,Florian, komm zu mir!' Ich bin zu ihm gelaufen und dann war das so, so, so…", er sucht nach Worten, „so wie bei dir, Mama!"

„So glücklich warst du im Traum?"

„Ja, und jetzt bin ich es immer noch!" Er überlegt, wird ganz ernst und sein Blick geht in die Ferne:

„Mama?"

„Florian?" Es ist sehr still geworden. Alle schauen gespannt auf Florian.

„Mama," sagt er, „jetzt weiß ich's: Gott *ist* Gott!"

Gott ist Leben

„Nicht essen!" befiehlt Judith, „Wir warten, bis alle da sind!"

„Wir sind schon alle, Judith, Papa ist nicht da!"

„Hat er einen Kurs?"

„Nein, heute nicht! Er ist mit Jugendlichen nach Freising gegangen. Dort gibt es heute ein großes Fest!"

„Welches?" will Klara wissen.

„Das Fest des heiligen Korbinian!"

„Komischer Name!" stellt Florian fest, und alle drei wollen mehr über ihn erfahren. Ich erzähle aus dem Leben des Heiligen, natürlich auch vom Bären, der besondere Faszination auslöst.

„Ich weiß, warum er sich vor dem Bären nicht gefürchtet hat. Das war wie beim heiligen Franziskus," erklärt Klara.

„Ich weiß auch warum!" behauptet Judith, „weil er nämlich gewußt hat, daß Gott viele Leben hat. Und das Leben vom Bären ist auch Gott!"

„Der Bär ist doch nicht Gott! Judith, du spinnst total!" stellt Florian fest.

„Ach, du spinnst selber", kontert sie, „natürlich ist der Bär nicht Gott, aber Gott ist Leben, und der Bär hat Leben, verstehst du endlich, du Würstchen!"

„Nee, versteh ich nicht!"

Klara wirft ein:

„Ich verstehe jetzt den Himmel!" Ich ermuntere sie, das zu erklären.

„Jetzt lebt Gott in uns, und wenn wir tot sind, leben wir in Gott! Und das ist der Himmel. Jetzt ist ein bißchen Himmel in uns, und im Himmel sind wir dann ganz angefüllt von Himmel, und der Himmel ist überall um uns herum und nicht nur ein bißchen in uns drin!"

Judith bekräftigt:

„Dann ist alles, alles Himmel. Wir auch!"

Klara: „Der Himmel, das ist Gott!"

Florian: „Gott ist der allergrößte Riese!" – „Warum?" –

„Weil da alle Platz haben!"

Klara seufzt:

„Florian, du verstehst wirklich überhaupt gar nichts! Gott ist doch nicht groß. Oder kannst du mir zeigen, wie groß Leben ist?"

Florian: „Natürlich nicht, du Blöde!"

Klara erklärt geduldig:

„Drum kann man auch Gott nicht zeigen: In dir ist Gott so groß wie du bist, im Wellensittich ist er vogelgroß, im Baum ist er baumgroß, im Bär ist er bärgroß und im Himmel ist er... Mama, wie ist er im Himmel?"

„So, wie er wirklich ist!"

„Ja!" strahlt Klara.

„Eins versteh ich nicht", meldet sich Florian, „Gott ist in mir drin – dann bin ich ja der Gott, und Gott ist der Florian!"

Judith seufzt ärgerlich:

„Du kapierst einfach gar nichts: Gott ist Gott! Du bist du! Und der Bär ist der Bär! Die Blume ist die Blume, verstehst du endlich?"

Florian:

„Stimmt gar nicht! Wenn Gott im Bär ist, dann braucht ja niemand Angst haben. Vor Gott hat niemand Angst, weil er unser Gott ist, und vor dem Bären haben wir Angst! Bäh!" Er streckt die Zunge heraus und ist sich seines Sieges sicher. Klara versucht noch einmal eine Erklärung:

„Florian, du gehst mir schon richtig auf die Nerven! Denk doch: Wenn du Gott so sehr spürst wie der heilige Dingsbums, dann erst fürchtest du den Bär nimmer. Du fürchtest dann gar nichts mehr, weil du Gott mehr spürst als dich selber und deine Angst!"

Klaras Verkündigungs-geschichte

Florian hört Klara gerne zu, wenn sie erzählt. Sie hat viel Geduld und geht auf alle seine Fragen ein und ist auch gar nicht beleidigt, wenn er ihren Erzählfluß unterbricht.

Heute bekommt er die Verkündigungsgeschichte serviert:

„Maria hat meditiert. Ganz lange, verstehst du?"

„So lange wie die Mama?"

„Noch viel länger, Florian. Sie ist ja die Mutter von Gott. Die meditiert noch viel länger. Und dann hat sie der Engel besucht und hat sich vor Maria verneigt!"

Klara verneigt sich feierlich und fordert Florian auf, es ihr gleichzutun. Beide verneigen sich. Florian wird einige Male korrigiert, bis es Klara endlich würdig genug erscheint, und sie erzählt dann weiter:

„Der Engel hat zu Maria gesagt, daß Gott sie ganz lieb hat und daß in ihrem Bauch ein Baby wächst.

Und dieses Baby ist der Jesus. Sie hat den Jesus in ihrem Bauch nicht tot gemacht. Sie hat sich auf das Baby gefreut. Und dann hat sich der Engel wieder verabschiedet!"

Florian wendet sich an mich:

„Mama, wer hat denn dir gesagt, daß du ein Baby bekommst, der Engel oder der Papa?"

Klara nimmt mir die Antwort ab:

„Zur Mama kommt doch nicht der Engel. Sie bekommt ja keinen Gott! Der Mama sagt das der Doktor, stimmt's Mama?"

„Nun, wenn in meinem Bauch ein Baby wächst, dann spüre ich das schon selber. Aber ich muß zum Doktor gehen und mich untersuchen lassen, ob das Baby auch richtig wachsen kann und sich in meinem Bauch wohlfühlt!"

„Und der sagt dir dann, daß das Baby lebt!" antwortet Florian.

Klara beendet ihren Verkündigungsbericht:

„Dann ist es bei der Mama wie bei der Maria: Sie freut sich, weil sie ein Baby bekommt, obwohl sie keinen Gott kriegt – nur uns!"

Der Weihnachtsesel

Klara schreibt einen Aufsatz über ein Weihnachtsgeschenk ganz besonderer Art:

…Wir kamen an einen Stall, der alles andere als gemütlich war. Josef führte mich mit Maria hinein. Ich erschrak sehr.

„Soll hier Maria ihr Kind gebären, den von Gott, meinen Freund?" fragte ich mich.

Am liebsten hätte ich sie unter mein Fell genommen, wo es so schön warm ist und nicht so kalt wie hier. Ich wußte, daß das nicht ging. Doch da sah ich, wie Josef viel Stroh auf einen Haufen legte. Plötzlich verstand ich: Er wollte ein Bett für Maria machen. Es sah richtig bequem für einen Esel aus.

Josef legte Maria ins Strohbett und redete ihr gut zu. Dann war es ruhig. Meine Gedanken flirrten wild durch meinen Eselskopf. Aber unter den vielen Gedanken sah ich einen Gedanken, der schwer zu vollbringen war. Sollte ich nicht dem Kind ein Ge schenk machen? Dumme Frage; aber wie? Unter mein Fell konnte ich es nicht nehmen, und schön singen konnte ich auch nicht. „Singen", dachte ich. Nein, wenn ich singe, bekommt es sicher Ohrenschmerzen. Ich zerbrach mir den Kopf nur wegen eines Geschenks.

Ein Geschenk ist ja nicht das Wichtigste! Aber trotzdem wollte ich ihm eines geben. Ich überlegte und überlegte. Da stand Josef auf und kam zu mir herüber. Was wollte er von mir? Er streichelte mich.

„Alter, gibst du mir deine Futterkrippe? Du weißt doch, ich bekomme ein Kind! Kann es in deiner Futterkrippe liegen?" fragte mich Josef stolz und traurig zugleich. Ich hätte explodieren können vor Freude, so glücklich war ich. Denn jetzt hatte ich ein Geschenk für meinen kleinen Freund. Mit einem äußerst deutlichen Zeichen, das so viel wie Ja hieß, machte ich es erkennbar. Josef verstand mich. Er bedankte sich herzlich, nahm die Krippe und machte ein schönes Bett für meinen Freund.

Endlich war es so weit. Da weinte ein Kind! Es war sicher mein Baby-Freund. Mir kamen auch die Tränen, Freudentränen!

Nach einer Weile, als Maria das Kind gestillt hatte, kam der große Augenblick: Sie legte es vorsichtig in mein Geschenk. Ich war richtig stolz! Natürlich wußte ich, daß es nicht besonders warm war, aber es war immer noch besser als nichts. Maria schaute mich an und lächelte, das heißt soviel wie: „Danke!"

Dieser Augenblick war der schönste in meinem Leben. Mein Freund schaute mich an und lächelte. Ich sah ihn auch an und freute mich mächtig.

„Toll, daß du da bist!"

Florians Chaos

„Mama, räumst du mir heute mein Zimmer auf? Es schaut so fürchterlich aus. Das schaffe ich alleine nie!"

Wenn ich jetzt meinem Verstand erlaube, meine Liebe zu kontrollieren, dann muß ich schreien. Ich tu es aber nicht, denn Florians Augen schauen mich so unschuldig bittend an, daß ich schon besiegt bin. Mein Erzieherherz jedoch mahnt, meiner Vernunft Raum zu geben:

„Ja, ich mache dein Zimmer sauber, aber nicht alleine. Du hilfst mir dabei oder besser gesagt: Ich helfe dir!"

„Danke, Mama!"

Florian hat ja gar nicht erwartet, daß ich seinen Saustall alleine in Ordnung bringe. Er ist heilfroh über meine einschränkende Alternative. Also frisch ans Werk: Ärmel hochgekrempelt und eine Mülltüte in Großformat bereithalten.

Der Verstand wird nie fähig sein, die Liebe zu begreifen.

Wir machen uns an die Arbeit und siehe da: Wir sind tatsächlich im Handumdrehen fertig. Wie lange wird die Ordnung anhalten? Ich weiß es nicht! Eine Ahnung, wie kurz die Zeitspanne sein kann, beschleicht mich. Aber ich halte mich zurück.

„Willst du dich nicht ein wenig zu mir hereinsetzen. Es ist richtig gemütlich hier!" erfolgt die Einladung, und ich nehme sie an, hole mein Strickzeug und Florian angelt seine Gitarre vom Gitarrenständer.

„Ich spiel dir was vor – als Dankeschön!"

Die Amsel

Die Welt ist voll von Dingen, die wir nicht oder noch nicht kennen. Vielleicht schauen wir nur nicht genau genug hin. Täten wir das, würden sie sich uns offenbaren. Den Kindern offenbaren sie sich, denn Kindlichkeit und Weisheit liegen ganz nah beieinander, und das befähigt die Kinder zu sehen.

Wir haben zwei wunderschöne Tage auf einer Hütte verbracht, oben auf dem Berg. Früh am Morgen bin ich mit Judith um den kleinen See gegangen.

Die letzten nächtlichen Nebelschleier verdampfen in den Strahlen der Morgensonne. Die Luft ist erfüllt vom Duft der blühenden Sumpfblumen und dem frischgemähten Gras.

Judith, immer ein paar Schritte vor mir, verlangsamt sachte ihr Tempo. Vor ihr auf dem Weg sitzt eine Amsel, die ihren Frühstückswurm verzehrt. Sie flattert nicht ängstlich auf, als Judith dicht vor ihr steht. Sie hebt ihr Köpfchen, schaut sie an, pickt an ihrem Wurm und sieht sie wieder an, als wollte sie ihr Frühstück mit ihr teilen. Judith freut sich, daß die Amsel überhaupt keine Spur von Angst zu haben scheint, selbst dann nicht, als sie sich zu ihr niederbückt. Die Amsel fliegt nicht weg. Mit großem Appetit widmet sie sich ihrem Mahl, zwitschert und fliegt erst jetzt auf den nächsten Ast. Judith dreht sich zu mir um und fragt feierlich:

„Hast du das gesehen, Mama?"

„Ja doch!"

„Ich meine, wirklich gesehen!"

„Ich denke schon!"

„Dann ist es gut!"

Entschlossen ergreift sie meine Hand und beschleunigt das Tempo – und singt.

Und wenn ich nicht „wirklich gesehen" hätte? Ob Judith bereit und fähig gewesen wäre, zu erklären, was sie mit „wirklich sehen" gemeint hat?

Der besiegte Teufel

Durch Geräusche, die aus dem Bad kommen, werde ich wach. Ich schaue auf den Wecker: 5.30 Uhr zeigt er an. Plötzlich bin ich hellwach, und ich springe aus dem Bett. Im Badezimmer steht Judith mit aufgekrempelten Pyjamaärmeln und über die Knie hochgezogenen Hosenbeinen. Sie versprüht gerade Unmengen von Haarspray und schaut mich triumphierend an.

„Um Gottes Willen, Judith! Was machst du da?" Ich bin entsetzt und reiße das Fenster auf.

„Bin schon fertig!" sagt sie.

„Womit denn? Und warum versprühst du mein Haarspray?"

„Ich *muß* sprayen! Und fertig bin ich mit dem Putzen!" antwortet sie siegreich.

„Judith, alle schlafen noch. Du solltest doch auch im Bett sein! Warum mußt du um diese Zeit schon putzen?"

Ich nehme sie an der Hand und gehe mit ihr in die Küche. Sie kuschelt sich an mich und erzählt:

„In der Dusche ist der Teufel gesessen und hat mich immer erschreckt. Und er hat fürchterlich gestunken!"

„Hast du das geträumt?" frage ich vorsichtig.

„Ja!"

„Erzähl mir deinen Traum, Judith!" Sie legt ihren Kopf auf meinen Schoß, und ich streichle ihr Haar, während sie berichtet:

„Zuerst habe ich mich sehr gefürchtet, aber dann bin ich zu dem Teufel hin und hab ihm gesagt, daß er mir ja gar nichts tun kann. Daraufhin hat er mich ausgelacht. Er hat sich gebogen vor Lachen. Es war grausig, Mama! Und dann ist mir aufgefallen, daß er vor lauter Lachen die Augen zuhat. Ich habe ihn ganz schnell gefesselt und habe ihn dann gezwungen, in den Spiegel zu schauen. Das wollte er nicht! Aber er mußte, weil ich es wollte! Und dann ist er auf einmal verschwunden. Nur gestunken hat es immer noch!"

„Hast du gewußt, daß er verschwinden muß, wenn du ihn zwingst, in den Spiegel zu schauen?"

„Ja! Ich weiß aber nicht genau, warum ich das gewußt habe!"

„Ich bin froh, daß es dir eingefallen ist!" antworte ich Judith und nehme sie in den Arm.

„Ich bin dann aufgestanden, habe die Dusche geputzt und gesprayt, damit ihr vom Teufel nichts mehr merkt und riecht. Brr, er hat wirklich fürchterlich gestunken!" Sie schüttelt sich.

110

„Judith, du warst sehr mutig! Ich bin stolz auf dich!"

„Der ist erledigt! Ich fürchte mich nie mehr vor ihm!"

Ich bin wichtig

Fast unbemerkt festigt sich in Florian das Erkennen des Selbstwertes. Und das genau zum richtigen Zeitpunkt!

„Mama, ich weiß jetzt ganz genau, wie menschlich ich bin!"

„Was meinst du mit ‚menschlich'?"

„Was ich von Papa und von dir habe! Ich erklär's dir, Mama: Die Klara, die Judith und ich – wir drei sind doch in deinem Bauch gewachsen!"

„Ja, schön hintereinander und jeder einzeln!"

„Ich als letzter!"

„Mhm!"

„Meinen Körper habe ich von Papa und von dir. Ein bißchen Papa, ein bißchen du – und bei Klara und Judith ist es genauso! Wieso sind wir dann nicht alle drei gleich, wenn wir doch alle ein bißchen von euch beiden haben?"

„Das ist doch nicht schwer zu verstehen, Florian:

Jeder hat verschiedene Anteile von uns beiden, aber jedes Mal ergibt das ein ganz besonderes Kind. Und ein so besonderes Kind bist du, ähnlich wie die anderen und doch ganz anders. Ich finde das wunderbar!"

„Aber am wunderbarsten ist das Leben in mir drin! Das habe ich nämlich nicht von euch, das habe ich von Gott. Menschen können nur Körper machen, aber Gott macht ihn lebendig. Ich weiß das!"

Ich enthalte mich einer Antwort, damit er nicht in Verwirrung gerät, denn seine Augen verraten, daß er mit der Offenbarung seiner Gedankengänge noch nicht fertig ist. Er läßt sich sehr lange Zeit, doch dann hat er seine Erkenntnis geordnet:

„Gott hat mir Leben gegeben, weil er gewollt hat, daß es mich gibt! Gott will aber nur etwas, was wichtig ist. Und ich bin wichtig!" Wieder legt er eine Pause ein und bekräftigt schließlich seine Erkenntnis:

„Ich bin wichtig, weil es mich gibt!"

Wir lachen beide, und ich stimme seinem Erkennen voll zu.

„Mama, ich freue mich, daß es mich gibt!"

Kinder verstehen

Uta Brückner/Heike Friauf
Ich freu mich auf die Schule
Was Eltern bei der Einschulung und für die Grundschulzeit
wissen müssen
Band 4472
Ein unentbehrliches Nachschlagewerk: praxisnah, konkret und detailliert.

Heiner Barz
Kindgemäßes Lernen
Was die Waldorfschule anders macht
Band 4466
Kreatives Lernen, das den Kindern Freude macht:
Der Erziehungswissenschaftler und ausgebildete Waldorflehrer Heiner Barz
erklärt das Konzept der Waldorfschule.

Charles A. Smith
Hauen ist doof
Miteinanderspiele – Anregungen und Tips für Eltern und Erziehende
Band 4460
Spielen ohne Aggression: wie Kinder ganz nebenbei lernen, Gefühle zu zeigen,
sich zu verständigen und Hilfe anzubieten. Phantasievolle Spielideen für Kids.

Helga Glantschnig
Blume ist Kind von Wiese oder Deutsch ist meine neue Zunge
Mit einem Vorwort von Ernst Jandl
Band 4438
Überraschend, unverbraucht und voll von poetischem Witz
sind die sprachlichen Bilder und Einsichten aus Kindermund.

Almuth Bartl/Manfred Bartl
Kribbel-Krabbel-Kuschelspiele
Spiel und Spaß für kleine Mäuse
Band 4434
Phantasievolle Spielideen ohne viel Material für den Alltag und für Feste mit
Kindern von eins bis vier.

HERDER / SPEKTRUM

Marcella Barth
Zärtliche Eltern
Wie Kinder Nähe erfahren und Freude am Körper erleben
Mit Fotos von Ursula Markus
Band 4418
Streicheln, Balgen, Kuscheln, Strampeln – wenn Eltern und Kinder
miteinander spielerisch die Sinne erkunden, stärkt das Selbstvertrauen und
Vertrauen auf andere. Ein Thema für jede Familie.

Marianne Arlt
Welt, ich komme!
Der Pubertät 2. Teil
Tagebuch einer entnervten Mutter
Band 4411
In der 2. Hälfte der Pubertät geht es erst richtig los. Da hilft nur eins:
Raus mit den Kids! Denn draußen pulst das wahre Leben, hart, aber gerecht.

Helga Hoff
Märchen geben Kindern Mut
Ein Buch zum Vorlesen, Malen, Spielen
Band 4385
Die kompetente Pädagogin lädt mit ihren Spielmärchen Kinder ein,
der verunsichernden – weil für sie unverständlichen – Welt zu entkommen.

Günter Harnisch
Was Kinderträume sagen
Traumbilder verstehen, deuten, gestalten –
Mit einem Lexikon der Traumsymbole
Band 4378
Es ist gar nicht so schwer, die Sprache des Kindertraumes zu entschlüsseln.
Dieses Buch gibt dafür ganz konkrete Hilfen.

Maria Montessori
Lernen ohne Druck
Schöpferisches Lernen in Familie und Schule
Band 4371
Ein Buch, das zeigt, wie Kinder selbst entscheiden und gut
vorankommen können.

HERDER / SPEKTRUM

Sabine Bernau
Hilfen für den Zappelphilipp
Das Selbsthilfe-Elternbuch
Band 4368

Alle notwendigen Informationen zur Hyperaktivität.
Erfahrungsberichte von Eltern und Tips zur Selbsthilfe.

Ingborg Becker-Textor
Netz für Kinder
Wie Eltern Kindergruppen auf die Beine stellen können –
Erfahrungen, Anregungen, Leitlinien
Band 4367

Kinder brauchen Kinder. Vor allem lernen sie viel, wenn sie zugleich mit
jüngeren und älteren Kindern zusammen sind.

Karin Dörner/Christiane Nebel/Alexander Redlich
Geschichten für gestreßte Kinder
Vorlesegeschichten zum Entspannen und Mutigwerden
Band 4362

Im Miterleben dieser packenden, Abenteuer- und Alltagsgeschichten lernen
Kinder, wie sie sich entspannen und mutig an ihre Probleme herangehen
können.

Antje Friese/Hans-Jürgen Friese
Aufregen hilft nicht, Mama!
Wie Eltern die großen Probleme ihrer Kinder verstehen
und helfen können
Band 4359

Gestörte Verhaltensweisen von Kindern sind oft ein Hinweis auf
verborgene Probleme. Eltern sollten lernen diese zu erkennen und hilfreich
darauf einzugehen.

Armin Krenz
Kinderfragen gehen tiefer
Hören und verstehen, was sich hinter Kinderfragen verbirgt
Band 4357

Eltern kommen ihren Kindern näher, wenn sie richtig auf die Fragen ihrer
Kinder eingehen können.

HERDER / SPEKTRUM

Eva Zoller
Die kleinen Philosophen
Vom Umgang mit „schwierigen" Kinderfragen
Band 4344
Typische Kinderfragen können einem häufig die Sprache verschlagen. Eva Zoller erschließt den „Großen" neue Möglichkeiten, ihren „Kleinen" zu begegnen.

Gertrud Meyer
Abenteuer Schulanfang
Heute Spielkind – morgen Schulkind
Band 4338
Praktische Tips, wie der „Ernst des Lebens" angstfrei angegangen werden kann.

Monika Hoffmann-Kunz
Lieben statt verwöhnen
Kindern Zuneigung schenken und Grenzen setzen
Band 4323
Das Dauerthema: Wie Eltern den richtigen Weg zwischen Liebe und Verwöhnen finden können.

Janusz Korczak
Der kleine König Macius
Eine Geschichte in zwei Teilen für Kinder und Erwachsene
Die vollständige Ausgabe
Band 4322
Als Kind schon wird Macius nach dem Tod seines Vaters König.
Das erfolgreichste Werk des großen Pädagogen zeigt, wie Kinder Erwachsene sehen und was sie von ihnen und vom Leben erwarten.

Reinhold Bergler
Warum Kinder Tiere brauchen
Informationen, Ratschläge, Tips
Band 4319
Ein Haustier kann für Kinder viel bedeuten. Daher ist es wichtig zu wissen, welche Tiere für Kinder geeignet sind und worauf es beim Zusammenleben ankommt.

HERDER / SPEKTRUM

Karin Neuschütz
Lieber spielen als fernsehen
Alternativen, die Kindern mehr Spaß machen
Band 4315
Wußten Sie, daß sich Kinder immer fürs Spielen statt Fernsehen entscheiden würden? Vor allem, wenn auch mal die Eltern mitmachen. Kreative Tips und Anregungen für Spiel- und Bastelstunden.

Lilo Traun
Ciao, Mama – bis bald!
Wenn Kinder flügge werden – Lust und Frust
einer betroffenen Mutter
Band 4308
Wie ist das, wenn die Kinder nur noch nach Hause kommen, weil sie etwas wollen? „Nur nicht unterkriegen lassen!" ist der Ratschlag einer betroffenen Mutter.

Manfred Bönsch
Die beste Schule für mein Kind
Was Eltern wissen sollten, wenn sie sich auf dem
„Schulmarkt" umsehen
Band 4306
Ein Ratgeber, der umfassend über die verschiedenen Schuleinrichtungen informiert und Eltern den Mut macht, ihren berechtigten Interessen Ausdruck zu geben.

Inghard Langer
Überlebenskampf im Klassenzimmer
Was Schüler und Eltern gegen den Gewaltterror tun können
Band 4297
Prügelei, Schikane, Erpressung – Schulalltag? Notwendige Ratschläge für alle Eltern, die ihre Kinder mit dem Gewaltproblem nicht allein lassen wollen.

Bruno Bettelheim
Zeiten mit Kindern
Band 4292
Hier sind die praktischen Erkenntnisse des bekannten Kinderpsychologen, sowie seine tiefsten und schönsten Einsichten in einem Werk zusammengeführt.

HERDER / SPEKTRUM

Claudia Gürtler
Freizeit – freie Zeit?
Grundschulkinder und ihre Freizeit
Band 4277
Langeweile: kein Thema! Praktische Tips, wie Eltern mit ihren Kindern die
Freizeit sinnvoll gestalten können.

Gunhild Gutschmidt
Single mit Kind
Alleinerziehen – wie es die anderen machen
Band 4276
Erfahrungen alleinerziehender Mütter oder Väter, die ihr Leben
mit Kind in die Hand genommen haben – mit Erfolg.

Maria Montessori
Kinder lernen schöpferisch
Die Grundgedanken für den Erziehungsalltag mit Kleinkindern
Band 4262
Vom Kind aus denken! Dieser Ansatz der genialen Pädagogin und Begründe-
rin der Montessori-Schule hilft Eltern, Kinder als eigenständige Individuen zu
fördern: Kreativ, neugierig und spielerisch leben sie sich in die Welt ein.

Leo Gehrig
Reden allein genügt nicht
Haltung und Verhalten in der Erziehung
Band 4246
Was tun bei Konflikten mit „den lieben Kleinen"? Beispiele und Anregungen
für eine phantasievolle, ehrliche Eltern-Kind-Beziehung.

Roswitha Defersdorf
Ach, so geht das!
Wie Eltern Lernstörungen begegnen können
Band 4243
Damit die Lust am Lernen nicht zum Frust wird: Erprobte Hinweise,
wie Eltern ihrem Kind helfen können, Lernblockaden abzubauen.

HERDER / SPEKTRUM

Judith S. Kestenberg / Janet Kestenberg-Amighi
Kinder zeigen, was sie brauchen
Wie Eltern kindliche Signale richtig deuten
Band 4222

Darauf können Sie vertrauen: Ihr Baby weiß selbst am besten, was es braucht.
Hilfreiche Hinweise für gestreßte und schlaflose Eltern.

Ingeborg Becker-Textor
Unser Kind soll in den Kindergarten
Ein neuer Schritt für Eltern und Kinder
Band 4219

Kindergarten – ein neuer Lebensabschnitt. Hoffnungen, Erwartungen, Ängste.
Praktische Tips für das Miteinander von Eltern, Kindern und ErzieherInnen.

Armin Krenz
Seht doch, was ich alles kann
Was uns Kinder sagen wollen
Band 4209

Die Innenwelt des Kindes. Ein Buch, das die Vielfalt kindlicher
Ausdrucksformen lesbar macht und hilft, Fähigkeiten besser zu entfalten.

Christine Swientek
**Was Adoptivkinder wissen sollten
und wie man es ihnen sagen kann**
Band 4199

„Wie sag' ich's meinem Kinde?" – die zentrale Frage für alle Adoptiveltern.
Praktische Tips für ein entspanntes, offenes Familienklima.

Emil E. Kobi / Heidi Roth
Kinder von Aggressiv bis Zerstreut
Ein Ratgeber für den Erziehungsalltag
Band 4182

Damit aus einer Kinderzimmer-Mücke kein Elephant wird: überzeugende
Vorschläge, die Probleme lösen und Fehlentwicklungen erkennen helfen.

HERDER / SPEKTRUM

Christine Swientek
Wer sagt mir, wessen Kind ich bin?
Von der Adoption Betroffene auf der Suche
Band 4163
Praktische und psychologische Hinweise, die sowohl Adoptivkindern,
als auch ihren leiblichen und „neuen" Eltern helfen, sich einander anzunähern.

Walter Pacher
Wenn Kinder immer anders wollen
Mehr Sicherheit und Gelassenheit für Eltern
Band 4118
Zuckerbrot und Peitsche sind keine Wundermittel gegen kleine Querulanten!
Mehr wirkt da schon ein klärendes Gespräch am runden Familientisch.

Marianne Arlt
Pubertät ist, wenn die Eltern schwierig werden
Tagebuch einer betroffenen Mutter
Mit einem Nachwort von Christine Swientek
Band 4100
Wenn Kinder „in die Jahre kommen", ist der Familienfrieden dahin.
Marianne Arlt erzählt von heftigen Erfahrungen und wie man trotzdem ganz
gut mit ihnen leben kann.

Rudolf Dreikurs/Loren Grey
Kinder lernen aus den Folgen
Wie man sich Schimpfen und Strafen sparen kann
Band 4055
Ein Erziehungsstil, der Kindern frühzeitig dazu verhilft,
eigenständige Erfahrungen zu sammeln und mit Freiheit richtig umzugehen.

Roswitha Defersdorf
Drück mich mal ganz fest
Geschichte und Therapie eines wahrnehmungsgestörten Kindes
Band 4041
Daniel – ein scheinbar ganz normales Kind.
Und doch ist er nicht in der Lage, Sinneseindrücke zu ordnen.
Eine betroffene Mutter erzählt vom Weg der Therapie.

HERDER ⁄ SPEKTRUM